Educar a los niños con cariño y de manera consecuente

Claudia y Jonas Weidner

Todo acerca de la escolarización, el inicio en el colegio y un buen comienzo en la educación primaria

Cómo puede estimular de manera específica la resiliencia y la concentración de sus hijos

Qué pueden hacer los niños frente al acoso escolar

Índice

Prólogo

Me llamo Claudia Weidner. Vivo con mi marido Jonas y nuestro hijo Erik en la preciosa ciudad de Hamburgo. Conocí a mi marido cuando estaba estudiando en la escuela de periodismo de Múnich. Después empecé a trabajar para una importante revista de noticias alemana y ahí encontré mi vocación.

En enero de 2018 llegó nuestro hijo Erik y puso nuestro mundo completamente patas arriba. Acerca del deseo de concebir, el embarazo, el parto y el primer año de vida del bebé ya escribió Jonas en su libro "Guía del papá primerizo" y yo colaboré de forma activa en ese proyecto.

Nuestro Erik ya no es un bebé y esta nueva fase también ofrece muchas facetas interesantes. Mi libro "**Entender, educar y reforzar a los niños**" surgió gracias a mi gran interés por este tema. En este libro aprenderéis todo lo que es importante en la edad de dos a seis años. Esta es la fase en la vida de una persona en la que el bebé se convierte en un niño pequeño que después va a clases de preescolar.

En el libro que usted tiene ahora entre sus manos, se habla del cambio de la escuela infantil al colegio de primaria. El peque se convierte en una persona autónoma que enseguida sabrá leer y escribir por sí mismo, lo cual será un hito importante en su vida. Y, al finalizar la etapa de educación primaria, ya está de camino la pubertad.

Mis libros se dirigen a todos los padres, pero también a personas que simplemente buscan un estupendo regalo. Trataremos sin tapujos la edad de seis a diez años. Hemos intentado reunir toda la información importante y aclarar todas las dudas relevantes. Hemos dado mucha importancia a una formulación breve y sin rodeos y la información se complementa con recuadros informativos, listas de comprobación y resúmenes con consejos y trucos útiles.

Quiero dar las gracias a mi marido, que ha tratado conmigo todas las cuestiones de manera constructiva, abierta y detallada. Por supuesto, su punto de vista está presente en este libro. Además, quiero dar las gracias a mi amiga Ulrike Kunze por revisar el libro.

¡Espero que disfruten de su lectura y consulta! Estaré encantada de recibir sus comentarios.

Hamburgo, 24-07-2019

Introducción

A la edad de seis a diez años, usted escribe junto a su hijo un nuevo capítulo de la vida de ambos. El niño ha acabado la escuela infantil y a partir de ahora forma parte de los grandes porque ya va al colegio. Ahora le esperan muchos desafíos. Empezará en un nuevo entorno, conocerá a otros niños y a sus profesores y tendrá muchas cosas que aprender. A menudo, la ilusión ante esta nueva etapa de la vida es muy grande.

Quizá al poco tiempo constata que su hijo está sobrecargado porque ahora también debe aprender que no todo el mundo va a elogiarle por lo que hace. Su hijo/a aprenderá que ya no es el centro de atención y también deberá aprender que a veces se sufren derrotas. Los niños descubren la sexualidad y, por supuesto, quieren saberlo todo al detalle.

Cada día es una caja de sorpresas en la que no solo hay cosas bonitas y agradables, sino también conflictos y disputas. De repente, un niño corriente puede transformarse en un bravucón dispuesto a rebelarse en todo momento. Entre los nueve y los diez años comienza la prepubertad, una etapa en la que las hormonas se vuelven locas. Los pequeños derriban sus muros de protección infantiles y miran un poco más allá de su propio horizonte. Para usted y para su hijo será un tiempo emocionante y agotador en el que usted tendrá un papel fundamental. Su papel ya no solo será el de mamá y papá, sino también el de amigo, acompañante y a veces también el de malvado enemigo.

En este libro puede encontrar interesantes planteamientos acerca de cómo se comportan los niños de seis a diez años.

Puede aprender sobre la educación y la formación y cómo puede tratar del mejor modo posible distintas situaciones. No olvide que todo lo que está viviendo ahora con su hijo/a lo ha vivido usted mismo/a hace no tanto tiempo y tuvo que conseguir con esfuerzo un poco más de libertad.

Entender el mundo de los niños de seis a diez años

Al acabar la escuela infantil y empezar en el colegio empezará para su hijo una nueva etapa en la que le esperan muchos nuevos desafíos. Ahora el niño se moverá en una fase nueva y cualitativamente más exigente y aprenderá habilidades y destrezas nuevas para entender el mundo y entenderse a sí mismo.

Los niños dan un gran paso en su desarrollo para pasar de una etapa infantil a otra en la que están ya más cerca de ser adultos. Se adoptarán nuevos comportamientos y el pequeño o la pequeña, que ya no lo es tanto, desarrollará una marcada conciencia de género. Sus nuevos planes de vida se orientarán hacia su mismo sexo. Las niñas juegan con las niñas y centran su atención en el sexo femenino para tomarlo como referencia. En el caso de los niños, esto no es diferente.

A menudo, hasta llegar a la pubertad, los niños y las niñas toman caminos diferentes, aunque también aquí encontramos excepciones. Se intensificará el juego con los amigos y el niño pasará más tiempo centrado en sus intereses y hobbies. Se concentran, también durante mucho tiempo, en proyectos comunes, incluyendo su planificación, organización y ejecución. Los niños superarán fracasos, resistirán unidos y también celebrarán sus éxitos juntos.

En la nueva fase de vida de su hijo/a, tanto usted como él/ella tomarán un emocionante camino que sigue avanzando en dirección a la autonomía y a la independencia. Habrá muchas discusiones que muestran comportamientos ya conocidos en una modalidad completamente nueva.

Continuarán los miedos y las agresiones, pero ahora las emociones juegan un papel adicional. El miedo a la pérdida de control, la impotencia, la frustración y el miedo a no ser aceptado ya no solo se manifiestan por medio de rabietas. La agresión y el miedo aparecen cada vez con mayor frecuencia. Habrá gritos, amenazas, luchas, defensas y persecuciones. También los niños más pequeños manifiestan estos comportamientos. Pero ahora el equilibrio entre la seriedad y el juego se utilizará para establecer contactos, hacer frente a conflictos y estabilizar al grupo.

Se desarrolla una forma particular de pensar que se estructura de una forma completamente distinta a la forma de pensar de un adulto. Las cosas que para usted resultan obvias, no tienen nada que ver con la forma de pensar infantil. En su hijo/a la imaginación sigue jugando un gran papel y su antiguo enfoque se revisa y se mejora porque las nuevas experiencias contribuyen a ello. Seguirá un gran cambio radical caracterizado por nuevas experiencias.

Acompañe a su hijo/a en este emocionante viaje e intente entenderlo y ayudarle para que se desarrolle y se fortalezca su personalidad. Para ello, en las siguientes páginas puede ver una perspectiva del emocionante mundo de los niños de seis a diez años y puede obtener consejos prácticos para su educación y formación.

El desarrollo de los seis a los diez años

Ahora su hijo/a va al colegio de primaria y usted tendrá que hacer frente a nuevos desafíos. Su hijo/a llegará a un nuevo entorno, con unos compañeros a menudo desconocidos, aprenderá a escribir, a leer y a contar y hará un importante avance hacia su autonomía.

Ya en los niños de seis años que acaban de empezar el colegio se escucha a menudo la frase de que todo es injusto. Esta protesta continua puede hacerse muy pesada con el tiempo. La vida no siempre es justa. Ahora escuchará esto continuamente. Esta nueva particularidad puede resultarle muy estresante, pero valórela de manera positiva. Es una buena señal del desarrollo infantil. A la edad de seis años se producen cambios mentales y físicos que usted podrá e-stimular de manera óptima poniendo en práctica las medidas adecuadas.

INFORMACIÓN: Los dientes restantes

El cambio de dientes es un gran acontecimiento para todos los niños y se da hoy en día entre el sexto y el séptimo año de edad. Sin embargo, la mayoría pierde los incisivos centrales entre los cinco y los seis años de edad. Normalmente los dientes de leche se caen sin dolor porque las raíces ya están sueltas antes de ello. Los incisivos delanteros, que con tanta emoción se esperan, no aparecen hasta que caen los incisivos de leche. El cambio de dientes no finaliza hasta la pubertad, cuando caen los

segundos molares. Despúes, el niño tendrá toda la den-
tadura al completo con sus 28 dientes.

¿Cómo son en realidad los niños de seis y siete años?

Ya cerca de lograr una nueva autonomía, los niños ven en todas partes incumplimientos, infracciones e injusticias. A menudo escuchará frases como estas:

- Mis compañeros de clase tienen un Smartphone y yo no. ¡Es injusto!

- ¿Por qué tengo que ir andando al colegio si otros niños van en autobús? ¡No es justo!

- ¿Por qué los mayores pueden beber coca-cola y yo no? ¡Eso está muy mal!

Suelen airear con rapidez sus pensamientos y parece que fuesen la justicia personificada, colocando todo en una balanza, pero esto no es un indicio de que su hijo vaya a hacer una estupenda carrera como policía, abogado o juez. Su postura a menudo no se sostendrá porque los pequeños mienten como cosacos, aunque esto no tiene que horrorizarle, ya que el hecho de mentir demuestra cierta madurez intelectual para la cual se requiere inteligencia.

El desarrollo cognitivo

El desarrollo cognitivo saca a su hijo/a de su mundo de fantasía en el que siempre había circunstancias mágicas que hacían que el mundo fuese como a su hijo/a le hubiese gustado. El camino que toma ahora le lleva al mundo de las decisiones y de la lógica. Cada vez se enfrentará más a la realidad.

Además, se desarrollará en su hijo la ambición de querer salir victorioso de cada situación. Y por ello también estará más preparado para las mentiras y los engaños. En áreas determinadas del cerebro tiene lugar una gran remodelación que afecta al lenguaje y a la percepción espacial. Esto provocará estallidos emocionales frecuentes y también dramáticos. A través del desarrollo cognitivo, su hijo/a aprende distintas habilidades.

Lista de comprobación: Mi hijo/a ya puede...

- ♯ ... escribir con la mano derecha o izquierda.
- ♯ ... contar historias en el orden correcto.
- ♯ ... seguir normas sencillas.
- ♯ ... contar hasta 20, quizá incluso hasta 50.
- ♯ ... descifrar palabras desconocidas.
- ♯ ... dibujar formas.
- ♯ ... decir los días de la semana.
- ♯ ... reconocer billetes y monedas.
- ♯ ... sumar y restar.

A los pequeños les suceden muchas cosas nuevas. A la edad de seis años, los pequeños tienen una capacidad de atención de 20 a 30 minutos que usted puede estimular muy bien mediante ejercicios de concentración y juegos de mesa. La televisión o el ordenador no son una buena opción, ya que con ello se produce más dopamina. Popularmente se le conoce como la hormona de la felicidad, aunque no es ninguna hormona. Este **neurotransmisor** favorece la concentración, pero también puede contribuir a la apatía.

INFORMACIÓN: Definición del desarrollo cognitivo

Por desarrollo cognitivo se entiende el desarrollo de todas las funciones que sirven para reconocer y comprender objetos y personas del entorno y de la propia persona. Dentro de estas funciones está la **inteligencia**, que incluye el razonamiento, la percepción, la solución de problemas, la memoria, el lenguaje, etc. Se habla de la cognición y las formas de cognición.

La cognición es otra denominación para la percepción y el razonamiento, que incluye también conductas, y conduce o bien a la adquisición de conocimientos o a comportamientos necesarios para el uso de conocimientos. El desarrollo de la inteligencia tiene un papel fundamental en el desarrollo cognitivo, en el que la percepción, la capacidad de memoria y el dominio del lenguaje como "funciones de apoyo cognitivo" sientan las bases del razonamiento y de la inteligencia.

Stangl, W. (2019). El desarrollo cognitivo.

En el colegio de primaria se aprenden muchas cosas nuevas y también aumenta la capacidad de concentración del niño/a. Sin embargo, el pequeño necesitará su apoyo para aprender. Esto significa que usted deberá estimularle y exigirle, pero sin ser demasiado quisquilloso, por ejemplo, si al niño todavía le cuesta escribir de manera precisa. Sin embargo, usted debe tener unas expectativas y mantener un nivel de exigencia.

Las 7 causas más importantes de los problemas de concentración

1. Distracción debido a factores externos como la televisión, la radio, el teléfono o hermanos que juegan

2. Alimentación poco sana y falta de movimiento

3. Desinterés y falta de conocimientos previos

4. Sobrecarga debido a un exceso de tareas

5. Falta de sueño

6. Frustración porque las tareas resultan muy difíciles

> CONSEJO: divida las tareas grandes y difíciles en tareas pequeñas
>
> 7. Expectativas demasiado altas de los padres y de los profesores

Un estudio reciente sacó a la luz que los niños rinden bastante menos si las expectativas que se depositan en ellos son bajas. Si aumentan las expectativas de los padres, aumenta el rendimiento de los niños. ¡Intente siempre encontrar el punto medio entre **estimular y exigir** sin sobrecargar a su hijo/a!

Para que el aprendizaje no resulte cargante, la información que aparece a continuación puede resultarle útil para ayudar a sus hijos en su aprendizaje.

8 consejos para estimular la concentración y la motivación en los niños

1. Expresar los elogios adecuados en lugar de una crítica innecesaria

2. Estimular **la iniciativa propia** del niño; por ejemplo, el niño puede decidir con qué tarea empezar, hacer pequeños elogios

3. Variedad gracias a distintos métodos de aprendizaje

4. Uso de nuevos medios (ordenador, tablet, Smartphone)

5. Tiempos de aprendizaje autodefinidos y regulares

6. Fomentar la lectura como **ejercicio de concentración**

7. No olvide que hay que hacer pausas
   Niños de seis y siete años: cada 15 minutos, entre ocho y diez años: cada 20 minutos

8. Establecer prioridades y, si es posible, crear un plan de aprendizaje

---

INFORMACIÓN: Definición de neurotransmisor

Los neurotransmisores, también denominados de manera abreviada transmisores, son **mensajeros químicos** que transmiten estimulación de una célula a otras células por medio de sinapsis químicas. Las sustancias transmisoras serán producidas en el cuerpo de la célula o en la terminación de los axones (prolongación de las células nerviosas) de la neurona que envía la señal y se contendrán en ampollas sinápticas que se liberarán con la estimulación en una cantidad concreta (cuantos). Su efecto depende de la dotación de la membrana de la célula receptora de receptores y canales iónicos.

www.wikipedia.de

La lectura

Seguramente en la escuela infantil se ha enseñado a los niños el alfabeto por medio de juegos y canciones. Sin embargo, en la lectura de palabras, los niños se dan cuenta de repente de que cada letra suena de una forma diferente a lo que estaban acostumbrados. En la la palabra "barco" de repente no aparece la "e", que si aparecía en el alfabeto cuando decía la letra "B". Los niños solucionan estos problemas prestando atención al movimiento de la boca a la hora de leer.

El habla

El área del cerebro responsable de las palabras, la gramática y la pronunciación se continúa desarrollando a una velocidad de vértigo hasta el séptimo año de vida. Los niños aprenden hasta diez nuevas palabras al día. El aprendizaje de cada palabra nueva dura alrededor de 80 minutos. Ofrezca a su hijo/a la posibilidad de participar en conversaciones de adultos. Hable mucho con él/ella y léale historias adaptadas a su edad. A esa edad los niños también hacen muchas preguntas. Aunque no pueda responder a alguna, muestre interés e intente encontrar la respuesta adecuada junto al niño/a.

Crear un entorno en el que el niño se sienta cómodo

El hipocampo es el centro de control del cerebro responsable de acontecimientos y recuerdos. Si usted o los profesores regañan mucho al niño y esto le produce estrés, incrementará la liberación de la hormona del estrés, el

cortisol. Esta hormona daña y destruye neuronas en el hipocampo. Esto puede evitarse si usted logra conseguir un entorno de aprendizaje seguro y muestra elogios, empatía y comentarios positivos. Esta forma de apoyo hará que su hijo/a recuerde y observe cosas con éxito.

La música

El estudio de Bastian y los descubrimientos de otros científicos han demostrado que la música, por medio del aprendizaje de un instrumento o a través de clases de música, incrementa la inteligencia y el rendimiento del cerebro. Su hijo puede aprender a tocar un instrumento con calma si él mismo lo decide y tiene un gran interés. Escuchar música y cantar juntos fomenta este interés si su hijo/a todavía no ha dicho que le gustaría aprender a tocar un instrumento o que le gustaría ir a clases de canto.

INFORMACIÓN: Hans Günther Bastian

... nació el 22 de junio de 1944 en Niederzeuzheim (Hesse, Alemania) . Murió el 11 de julio de 2011 en Salzburgo a consecuencia de un accidente de tráfico grave. Bastian fue el director fundador del Instituto para la Investigación del Talento y el Estímulo de Talentos en la Música (IBFM por sus siglas en alemán), que existe desde el año 1992. Desde 1998 tuvo su plaza como catedrático de educación musical en la Goethe-Universität de Fráncfort del Meno. Además ejerció la presidencia de distintas organizaciones profesionales, como es el caso del grupo nacional especializado en educación musical, del equipo de trabajo de investigación

---

pedagógica y de la comisión especializada de investigación en educación musical del Consejo Musical Alemán. A partir de 1998 fue director ejecutivo del Instituto de Educación Musical en la Goethe-Universität de Fráncfort del Meno.

El tema de investigación y de trabajo principal de Bastian se centró en el ámbito de la investigación empírica de la pedagogía musical. Su proyecto más reciente fue un estudio a largo plazo en escuelas primarias de Berlín acerca de la influencia de una educación musical ampliada en el desarrollo general e individual de los niños.

www.wikipedia.de

Movimiento y deporte

Salir y moverse al aire libre es importante para todos los niños. Regale a sus hijos al menos 30 minutos al día para jugar, desfogarse y correr al aire libre. El movimiento, al igual que el deporte, genera buen humor, reduce el estrés y produce el equilibrio necesario. Además, se produce un efecto positivo en el desarrollo del cerebro que puede mejorar el rendimiento escolar. Así lo afirma John. J. Ratey en su libro "Spark: The Revolutionary New Science of Exercise and the Brain".

La alimentación

Procure que su hijo/a se alimente de manera sana y equilibrada. Los **nutrientes, las vitaminas y la fibra alimentaria** mantienen a los niños sanos, les aportan energía y favorecen su rendimiento. Asegúrese de que sus hijos tengan un aporte suficiente de metionina. Con ello, el cuerpo forma acetilcolina, lo que hace que se incremente la capacidad de memorización. Esta importante sustancia aparece, por ejemplo, en el sésamo, los guisantes, los huevos de gallina, el salmón y la carne de pollo. La comida rápida, los dulces y las patatas fritas deberán comerse de manera excepcional.

La conducta social

A la edad de seis años, los niños crean rápidamente amistades que desaparecen con la misma velocidad. El nuevo compañero de juegos de su hijo/a suele ser de su mismo sexo. Estos contactos sociales sirven para que su hijo/a conozca también los puntos de vista de los demás.

Con ello mejora la **comprensión** de los niños, que podrán ponerse mejor en el lugar de los demás. Entonces se dan cuenta de que no todo gira en torno a ellos. Para el desarrollo social resultan muy útiles las actividades en grupo, por ejemplo, en un equipo deportivo. Aunque el humor de los niños a esta edad continúa siendo muy cambiante, los niños no suelen estar de mal humor durante mucho tiempo.

Los niños a esta edad casi no necesitan ayuda para vestirse y saben exactamente lo que es suyo. Procuran no perder ni olvidar nada, aunque a veces su hijo/a pierda lapiceros, el gorro y otras cosas. Su hijo/a prestará más atención a sus cosas si usted le pregunta constantemente si ha cogido todo lo que llevaba.

Si usted identifica los pequeños pasos en el desarrollo de su pequeño/a y puede valorar su nivel de desarrollo, entenderá mucho mejor el comportamiento de su hijo/a. Con estos conocimientos, además, tendrá la oportunidad de ofrecer a su hijo/a las actividades apropiadas, además de proporcionarle estímulos que puedan ayudarle en su desarrollo.

CONSEJO: Refuerzo de la conducta social

- La disponibilidad para ayudar debe ser incuestionable
- Deben promoverse formas de conducta no egoístas
- La motivación también debe promoverse sin contraprestación o recompensa
- Desarrollo de la empatía, por ejemplo, intentando que el niño o la niña se ponga en el lugar de niños desfavorecidos
- Que el niño tenga el menor número de juguetes posible para jugar solo
- Incluir al niño con regularidad en las decisiones

El desarrollo motor y físico de los niños de seis años

A esta edad, los niños están siempre en movimiento. Saltan, brincan, corren, lanzan cosas, escalan, nadan y van en bicicleta y, cuanto más rápido, mejor.

Los procedimientos de los muchos y distintos movimientos que se llevan a cabo son ya muy maduros y casi tan seguros como en un adulto. Además de las actividades físicas, las **habilidades motoras finas** también son una parte importante que no debe olvidarse.

Estimule a su hijo/a para que dibuje, practique con él/ella para escribir letras, unir bucles, para que aprenda a untar el pan o pelar una manzana con el pelador por sí solo/a. Con ello, su hijo entrenará los pequeños músculos de sus manos y aprenderá a llevar a cabo de manera más adecuada actividades que requieren habilidades motoras finas, como es el caso de la escritura.

Lista de comprobación: Con seis años mi hijo/a ya puede...

- ... ir en bicicleta.

- ... mantener bien el equilibrio y adaptar la coordinación a cada actividad concreta.

- ... atarse los cordones solo/a.

- ... realizar actividades que requieren habilidades motoras finas como cortar, moldear y pintar.

- ... escribir cifras y números de forma cada vez más clara.

- Escribir sin grandes esfuerzos su nombre y otras palabras sencillas.

Importantes pasos de desarrollo en la edad de ocho, nueve y diez años

A la edad de ocho años su hijo da otro paso adelante en su desarrollo. Piensa de una manera claramente más racional y puede diferenciar cada vez mejor entre su propia opinión y la opinión de los demás, así como entender otras opiniones. También se habrá desarrollado la **coordinación mano-ojo**. Se desarrollan las habilidades en muchos sentidos.

Entre los siete y los nueve años los niños desarrollan una mayor conciencia física y prueban muchas cosas. Van con patines en línea, juegan a fútbol, van en bicicleta, patinan y practican deporte en distintas asociaciones deportivas. Esto no solo implica el factor de diversión, sino también del de competencia. En las competiciones se miden con otros de su nivel y evalúan lo buenos que son, viendo de manera más precisa lo que les diferencia de sus amigos.

Precisamente en esta etapa de la vida, la comparación con niños de su misma edad es extremadamente importante. Los niños aprenden a enfrentarse a otros y lo que significa "unidos" y "en equipo". Con ello adquieren experiencia y se apoyan y animan. Se dan cuenta de que a veces es más fácil alcanzar un objetivo juntos que luchar por separado. El espíritu de equipo se pondrá a prueba muchas veces. Aunque alguna vez se fracase, esto siempre ayuda a los niños en su desarrollo posterior.

Entretanto, el niño habrá tenido sus primeras experiencias en el colegio, lo cual supone el pistoletazo de salida y desarrolla una comprensión por conceptos matemáticos que se esconden tras las cifras. Ahora los niños pueden contar mejor y desarrollan un talento para las unidades de medida. La mejor calculadora son los propios dedos, que se utilizan como ayuda para resolver las tareas. También se estimulará la comprensión de cantidades.

El éxito es mejor en equipo : Consejos para mejorar el espíritu de equipo

Puede estimular el espíritu de equipo de sus hijos siguiendo los siguientes consejos:

- Dar a los niños la oportunidad de jugar en grupos mixtos (por edad, procedencia).
- Favorecer situaciones en las que sea posible actuar de forma conjunta, ya que esto también implica ventajas.
- Los adultos deberán mantener una distancia adecuada y no mediar constantemente
- Usted, como adulto, es un **ejemplo** del comportamiento cooperativo.
- Debe elogiarse el comportamiento social y cooperativo.
- Debe hacer que los niños se conciencien de que cada niño es único y en el juego en equipo puede expresar sus intereses y talentos particulares.

- Mediante el juego en equipo se estimula la fantasía.
- Animar a los niños diciendo que jugando en equipo se consiguen antes los objetivos que en solitario.
- Utilizar acuerdos y la **comunicación** de manera específica.
- Desarrollar estrategias y normas conjuntas.
- Será normal que las necesidades individuales a veces se posterguen en beneficio del grupo.
- Dejar claro que en el grupo se puede ceder la responsabilidad o también asumirla.

La lectura de pequeños textos trabajados previamente será considerablemente más fácil y fluida. A través de una práctica diligente, está habilidad siempre seguirá desarrollándose. A la edad de siete años, los niños ya son muy buenos resolviendo problemas y planteando preguntas. Las situaciones se consideran desde distintos puntos de vista y para conseguir su objetivo y encontrar una solución, llevan a cabo comprobaciones prácticas.

En los niños de entre ocho y diez años se perfeccionan muchas habilidades. Pueden coordinar los movimientos corporales cada vez mejor y llevar a cabo las secuencias de movimiento de manera más precisa. La flexibilidad, la movilidad, la precisión, el equilibrio y la **coordinación ojo-mano** incrementan. El niño estará tan avanzado en su desarrollo que gracias a sus habilidades motoras finas podrá utilizar correctamente herramientas como el martillo y la sierra y se divertirá moldeando y llevando a cabo tareas manuales.

Los niños y las niñas aprenden a hacer ganchillo, a hacer punto, así como a manejar agujas e hilos o a tejer un lazo de amistad para su mejor amigo. Muchos niños intentan tocar un instrumento por primera vez a esta edad. Para ello, las escuelas de música son un buen punto de encuentro donde sus hijos pueden probar a tocar distintos instrumentos para encontrar el más apropiado para ellos.

La **conciencia del yo** vive un auténtico impulso en su desarrollo. Los niños se dan cuenta de que cada persona tiene su propia opinión y esto les parece positivo. La comprensión por los demás será cada vez mayor. Pueden ponerse en el lugar de los demás, mostrar consuelo y alegrarse por otras personas.

Se iniciará el intento de comprender y cumplir normas establecidas y también de discutir sobre ello cuando sea necesario. Hará una valoración de sí mismo y de las personas en su entorno directo. Con ello aumenta la conciencia del yo. Los niños tienen un sentimiento muy fuerte y acentuado de lo que está bien y lo que está mal y defienden a su mejor amigo o amiga con medidas que a veces no son demasiado buenas. La comprensión de que los conflictos también pueden solucionarse con palabras llega después poco a poco.

A la edad de entre siete y nueve años, los niños van en busca de ideales. Se constata una diferencia entre su reacción, su comportamiento y su apariencia y aspecto. Poco a poco se dan cuenta de que hay diferencias entre razonamiento y comportamiento que también pueden diferir claramente de su propia opinión.

Un buen amigo o una buena amiga son las personas en las que más confían los niños para hablar e intercambiar experiencias. Al mismo tiempo, precisamente a la edad de ocho a diez años, los ideales son muy importantes. Puede ocurrir, por ejemplo, que el niño admire a un tío, a un padrino, a su abuela, a un deportista o un músico y que se identifique con esta persona.

El paso de la escuela infantil al colegio

Desde la perspectiva de los niños

Hace semanas y meses que en casa solo se habla de la inminente **escolarización**, que abre una nueva etapa de vida para su hijo/a. Buscaréis juntos una mochila escolar con su estuche para lapiceros y la bolsa de deportes adecuada. Casi cualquier conversación gira en torno a las muchas cosas estupendas que le esperan a su hijo/a en el colegio.

En este tiempo, los pequeños comienzan con un **viaje de fantasía** que da lugar a sensaciones especiales. La mente infantil imagina esta nueva situación en los colores más chillones. Surgen emociones e ideas como las que aparecen a continuación:

- ¡La palabra colegio suena genial!

- ¡Mamá, papá, el yayo y la yaya solo hablan del colegio!

- Los pequeños tienen el concepto de colegio en su cabeza y lo viven de forma intensa.

- Aprenderé a leer. Eso es estupendo porque ya nadie me tendrá que leer nada. Su razonamiento le dice: *"¡Eso es genial!"*, pero el niño tiene una sensación en el estómago que le hace dudar. Pero seguro que todo es emocionante porque habrá muchas cosas nuevas en el colegio.

- El camino al colegio es distinto al camino de la escuela infantil.

- ¡Habrá nuevos niños! ¡Mmm! ¡A ver qué tal!

- ¿De mi grupo, quién viene al mismo colegio?

- ¿El hijo del vecino estará también en el mismo colegio?

- Las aulas serán diferentes. Espero que sean parecidas y fáciles de encontrar

- ¡Espero que el maestro o la maestra sean simpáticos y no nos regañen todo el tiempo!

- Todos dicen que ahora comienza *"lo serio"*. Dicen que se acabó el juego. ¿Qué puede significar esto?

- Tendré que comprarme ropa para el nuevo colegio.

- La nueva mochila es genial. Espero que no pese mucho cuando todos los libros y cuadernos estén dentro.

- Mañana es el gran día. Mamá estará seguro y papá ha cogido un día de fiesta. ¿Vendrán también los yayos?

- Mamá está muy nerviosa y ya ha preparado la cámara de fotos para que cuando sea mayor siempre pueda ver las fotografías de mi primer día de cole.

- ¿Y qué pasa si no me gusta el colegio? ¿Podré volver a la escuela?

Las ideas y los muchos pensamientos de los pequeños son una combinación de alegría y miedo ante las cosas que cambian con el primer día en el colegio. De repente se dan cuenta de que ya no son tan pequeños y ya forman parte de los mayores. No hay marcha atrás para ellos.

La escolarización

Sugerencias y consejos prácticos

Al cambiar de la escuela infantil al colegio, se despierta en su hijo/a una sensación de inseguridad. Hay una gran variedad de sensaciones nuevas, no solo al principio. El niño se encuentra dentro de un nuevo sistema en el que tiene que encontrar su lugar.

Ahora tendrá que sentarse en calma durante mucho tiempo y escuchar lo que dice el maestro o la maestra. Su hijo/a se encontrará con muchos niños nuevos de diferentes grupos de edad en el patio del recreo. Ahí también pueden producirse problemas.

Después del colegio hay que hacer deberes. ¡Otra vez deben sentarse en calma y no distraerse! Y eso aunque los niños prefieran jugar al aire libre con sus amigos. Precisamente en caso de inseguridad y ansiedad, resolver las dudas de los niños es más importante. Su hijo/a necesita apoyo y debe comprender que tiene que aprender por su propio bien.

10 ejercicios de concentración para niños de primaria

1. Hacer la maleta

2. Crear y memorizar secuencias de cifras

3. Simplemente permanecer un tiempo en calma

4. Escuchar una historia y contar el número de veces que se repite una misma palabra

5. Buscar un personaje en un libro de dibujos

6. Reconocer formas en las nubes que pasan

7. Contar los acontecimientos del día en orden inverso

8. Contar pasos

9. Yoga para niños

10. Contar historias con fallos

¿A qué edad comienza la escolarización obligatoria?

En España, la educación primaria es obligatoria y tiene lugar entre los 6 y los 12 años de edad.

¿Qué debe saber el niño cuando llega al colegio de primaria?

Básicamente no se pide que su hijo/a tenga ningún conocimiento previo cuando llega al colegio de primaria. Lo fundamental de esta etapa: leer, escribir y contar, lo aprenderá ahí. Será más que suficiente si su hijo/a puede escribir su propio nombre. Si el niño/a tiene conocimientos previos, esto será un valor añadido, pero no es obligatorio. Sin embargo, es una ventaja si hay algún conocimiento previo de las cifras y si su hijo/a sabe los números del 1 al 10 y los ordena correctamente.

Mi hijo/a puede...

- ☐ Seguir instrucciones y memorizarlas.

- ☐ Trabajar o terminar tareas que él/ella escoge.

- ☐ Comparar el resultado con el objetivo perseguido y corregirlo en caso necesario.

- ☐ Persistir en una tarea, aún cuando el resultado deseado no se vea enseguida.

- ☐ Soportar y hacer frente a la frustración en las tareas escolares.

- ☐ Aplazar las necesidades actuales propias en beneficio de las exigencias escolares.

- ☐ Pasar de la actividad actual al siguiente requisito.

- ☐ Concentrarse pese a muchos estímulos de fuera.

- ☐ Ser puntual.

- ☐ Distribuir bien un tiempo preestablecido.

¿En qué colegio debe inscribir a su hijo/a?

La educación primaria tiene carácter obligatorio y gratuito. Comprende seis cursos académicos, que siguen ordinariamente de los seis a los doce años de edad. En primer lugar, debe definirse el tipo de centro: público, privado, concertado, religioso o laico. El segundo paso será identificar los centros candidatos. Es recomendable hacer una lista de requisitos que debe cumplir el centro y elaborar una lista con los centros que cumplen con los requisitos para después recabar información sobre ellos a través de Internet, redes sociales, las páginas web de los centros, durante jornadas de puertas abiertas o mediante una entrevista personal. El último paso será el de elegir el centro sin olvidar los periodos de preinscripción.

¿Cuáles son los requisitos de admisión para los centros de educación primaria?

La admisión de alumnos en centros públicos y privados concertados se da de tal manera que se garantice el derecho a la educación, el acceso en condiciones de igualdad y la libertad de elección de centro por parte de padres y tutores.

En caso de que en los centros públicos no haya plazas suficientes, se aplicarán criterios prioritarios como la existencia de hermanos matriculados en el centro o padres, madres o tutores que trabajen en el mismo, la proximidad del domicilio o las rentas anuales de la unidad familiar, entre otros.

¿Cuál es el plazo para la inscripción en un centro de primaria?

Debe tenerse en cuenta que en cada Comunidad Autónoma, tanto el plazo para la inscripción en un colegio de primaria como el comienzo del curso escolar tienen plazos diferentes.

El inicio escolar

¿Cómo se consigue un inicio escolar óptimo?

El primer día de colegio es un día especial para padres e hijos que a menudo se espera con entusiasmo.

Sin embargo, usted debe prestar atención a que no surja ningún estrés adicional. Consiga que su hijo pueda tener el espacio adecuado para distraerse. Si el niño/a empieza a llorar, usted debe mostrar su comprensión. Transmítale una buena sensación y hágale saber que puede hacer frente de la mejor manera a la nueva situación. El inicio en el colegio es para su hijo/a un viaje hacia lo desconocido y, a menudo, va acompañado por la ansiedad de separación.

Frases como *"ahora empieza lo serio"* solo alimentan el miedo. Precisamente en el primer curso se empieza a aprender jugando. El primer día de colegio, conténgase y no sobrecargue a su hijo/a diciéndole que a partir de ahora deberá sentarse y estar en calma. Tampoco exprese ninguna opinión negativa acerca de los maestros. No será de ninguna ayuda si su hijo/a le escucha decir que sus maestros son demasiado estrictos.

Lista de comprobación: Equipación básica para el colegio de primaria

- Mochila escolar
- Estuche
  - Pluma para niños-bolígrafo
  - Recambios
  - 2 lapiceros
  - Regla
  - Sacapuntas
  - Goma
  - Lápices de colores
  - Tijeras
- Bolsa de deporte
- Ropa de deporte
  - Ropa de deporte corta
  - Ropa de deporte larga
  - Calzado deportivo para el gimnasio
  - Calzado deportivo para exteriores
- Monedero
- Cuaderno
- Carpeta clasificadora, por ejemplo para dibujos

> ◘ Bloc de dibujo
>
> ◘ Estuche con acuarelas y pincel, así como cubeta de agua
>
> ◘ Forro para los libros del colegio
>
> ◘ Agenda para los deberes
>
> ◘ Fiambrera para niños
>
> ◘ Botellín de agua
>
> ◘ Paraguas
>
> ◘ Escritorio con su silla adecuada para casa
>
> ◘ Reloj para niños

Inicio escolar: ¿quién acompaña al niño?

Por supuesto, es buena idea celebrar este gran día. El comienzo escolar marca un punto de inflexión en la vida del niño o niña. Suelen ser uno o varios familiares cercanos los que acompañan al pequeño al colegio en su primer día. Aquí, por supuesto, se incluyen los padres o los tutores legales directos. Pero también los abuelos o el tío o tía preferidos pueden acompañar al niño en su primer día escolar.

Inicio escolar: ¿Cómo puede organizarse?

Después del primer día escolar, todos los acompañantes pueden ir juntos a recoger al niño/a. Sería una buena opción si todos pudiesen comer juntos y charlar sobre el primer día en el colegio. Por supuesto, también pueden llevarse a cabo **otras actividades**. Jugar una partida al minigolf o dar un pequeño paseo por el río son también una buena opción. Lo importante es que sea algo que al niño le resulte divertido. De esta forma, el colegio se relacionará con un acontecimiento positivo. Pero, además de la diversión, hay que tener en cuenta que también el primer día de colegio hay un mínimo de deberes. Póngase con su colegial/a principiante y ayúdelo/a para que se mentalice de que en adelante cada día tendrá que hacer algo en casa para el colegio.

La mochila para el colegio : ¿Qué hay que tener en cuenta?

La mochila de su hijo/a debe aguantar todo. Por ello debe ser estable, adaptarse y, en especial, poder transportarse bien para evitar vicios en la postura y posibles dolores de espalda. Compre la mochila escolar junto a su hijo/a. El niño/a enseguida le dirá lo que está de moda y este nuevo objeto acompañante encontrará sin duda aceptación. La mochila debe probarse como si fuera una prenda de ropa; debe estar pegada al cuerpo, tener correas ajustables y un peso aproximado de 1,5 kg. Si la mochila está llena, no podrá superar más del 10 % del peso del niño/a. Eso ya es mucho peso, pero a menudo se supera. También es importante que tenga el máximo número posible de reflectores, tanto en la parte delantera como en el lateral. Usted mismo/a puede añadir más en caso necesario.

El lugar para hacer los deberes: ¿qué es lo importante?

La previsión conjunta del lugar en el que se harán los deberes en el futuro puede hacer que esta tarea se vea de una manera mucho más atractiva. El lugar de trabajo de su hijo/a debe estar reservado exclusivamente para él/ella, debe ofrecer la calma necesaria y debe estar **alejado** del bullicio familiar del día a día. Son recomendables los escritorios para niños en los que se puede ajustar la altura y cuya superficie puede inclinarse sin problemas. Por supuesto, también es importante tener una silla de escritorio que permita que su hijo pueda sentarse cómodamente. Los pies tienen que estar colocados por completo en el suelo, los muslos deben estar colocados en posición horizontal sobre la superficie de la silla y la parte inferior de las piernas debe estar lo más vertical posible. Por ello, a la hora de comprar la silla, debe comprobarse que sea la adecuada para el niño. Para estudiar y hacer los deberes, el niño también necesita una luz y un espacio adecuado con estanterías donde pueda colocar su material escolar de forma ordenada.

El cucurucho escolar: ¿qué contiene?

En los países de lengua alemana, el cucurucho escolar es como el padrenuestro en la iglesia. Este cucurucho escolar (en alemán "Schultüte), se da a los niños en su primer día de colegio y suele contener dulces, así como otras cosas entre las que puede incluirse material escolar como lapiceros, bolígrafos, gomas u otros objetos. Los primeros cucuruchos escolares aparecieron en Jena en 1817. Originarios de Turingia y Sajonia, estos cucuruchos no llegaron al oeste de Alemania hasta 1950 y hoy en día esta costumbre es una parte importante de la cultura alemana. Aunque tradicionalmente los cucuruchos contienen en especial dulces, aquí recogemos consejos de otro tipo de objetos que pueden incluirse :

- Talismanes
- Llavero de correa con llaves propias para el niño: un signo de confianza
- Accesorios para manualidades, lapiceros, bolígrafos.
- Fiambrera, botellín de agua, etc.
- Galletas con el alfabeto para comer y aprender al mismo tiempo
- Álbum de amigos o de poesía
- Minijuegos, por ejemplo sobre las normas de tráfico, juegos de cartas, yo-yo
- Libro para lectores principiantes
- Álbum de pegatinas con pegatinas
- Hucha
- Monedero o monedero colgante
- Capa de lluvia
- Pequeña linterna
- Juegos auditivos
- Peluche
- Imanes

Aunque en otros países de lengua no alemana esta tradición no exista, puede ser positivo incluir alguna de las ideas recogidas anteriormente que pueden ayudar a que el niño o la niña tengan un mejor recuerdo de su primer día en el colegio. La fantasía no tiene límites y lo importante es que los niños lo pasen bien, además de que lo que reciban pueda resultarles útil en el colegio.

Comienza el día a día en el colegio

El camino al colegio: ¿Cómo prepararse para él de la mejor manera?

Quizá las primeras semanas o meses usted acompañe a su hijo de camino al colegio, pero en algún momento su hijo tendrá que ir solo, de modo que su **tarea escolar** será preparar al niño para que pueda ir solo al colegio. No elija el camino más corto, sino el más seguro. Para ello, evite salidas que puedan ser malas, cruces sin semáforos y lugares de aparcamiento desde los cuales los coches puedan salir hacia atrás.

Practique el camino en condiciones realistas, como por ejemplo por las mañanas a las 8:30, cuando también el resto de alumnos van de camino al colegio. Y pruebe a ir en cuclillas: entonces se sorprenderá de lo poco que se ve desde la perspectiva de un niño y lo difícil que es mantener la visión de conjunto.

La unión hace la fuerza. Su hijo/a irá más relajado al colegio si no va solo/a. Quizá ya conozca a otros niños de su antiguo grupo de la escuela infantil. Pero quizá también conozca a niños de su vecindario que visitan el mismo colegio desde hace ya un tiempo. También puede que haya un alumno de otro curso que se alegre de no tener que seguir yendo solo al colegio. Simplemente hable con otros padres; a menudo se obtienen respuestas muy positivas.

¿Qué posibilidades tiene usted si su hijo/a no se lleva nada bien con sus maestros?

Tómese en serio el problema de su hijo, pero no dramatice. A menudo merece la pena ir a la causa de todo y mirar exactamente qué es lo que su hijo/a encuentra tan desconcertante en sus maestros. En muchos casos, el problema está en el tipo de trato con su hijo/a. Puede tratar este tema con los maestros y decidir de manera conjunta qué posibilidades hay para que su hijo tenga una buena impresión.

En general, al principio los niños aprenden junto a sus maestros y no por sí solos. Por este motivo, usted debe reforzar que se cree una buena relación entre su hijo/a y sus maestros. En ningún momento mine la autoridad de los maestros. En caso de que después de dos semanas de colegio su hijo/a continúe diciendo que no le gusta el colegio porque el maestro es idiota, quizá sea buena idea plantearse un cambio de grupo.

¿Qué problemas pueden darse en el día a día escolar?

No solo los niños, sino también los maestros, están ante un gran desafío. Ambos necesitan adaptarse. Para los niños el cambio de rol resulta más dramático. Llegan de la escuela infantil, en la que los métodos eran distintos, a un ámbito completamente nuevo al que tendrán que acostumbrarse. La cosa puede ponerse peor si los niños mayores molestan a su hijo/a. No dude en hablar con su hijo y dígale que tiene que hablar con sus maestros si se siente molestado o amenazado o si tiene dudas. Esté al loro desde el primer día de colegio para poder ver a tiempo los problemas. La tarea de su hijo ahora es integrarse en un nuevo grupo. ¡Su tarea es aprender a escuchar!

Su hijo/a lleva semanas yendo al colegio y usted piensa que debería saberse de memoria el **horario escolar**. Sin embargo, se repiten frases como: *"Tienes clase de educación física. ¡No te olvides de tu bolsa de deporte!"*, o: *"Hoy también tienes dibujo, coge la carpeta de las láminas"*. Aunque usted se enfade por el despiste y la falta de reflexión de sus hijos, los niños de primer y segundo curso de primaria todavía no pueden recurrir de manera tan sencilla a su memoria. Siempre debe estar recordando cosas a su hijo/a y los ejercicios de memoria y ejercicios nemotécnicos pueden ayudarle. A los nueve o diez años de edad se produce un cambio. A partir de esta edad, los niños pueden aplicar sus propias estrategias de memoria y pueden responsabilizarse de sus cosas progresivamente. Esto incluye el riesgo de que que el niño vaya descalzo o solo con medias o calcetines a la clase de educación física.

¿Normalmente, cuánto duran las clases en el colegio de primaria?

Normalmente los niños tienen clase solo por la mañana y las clases suelen comenzar alrededor de las nueve de la mañana. Después habrá cuatro clases con una breve pausa entre clase y clase y la pausa correspondiente para el recreo. La pausa para el recreo tendrá lugar alrededor de las doce de la mañana.

Después, normalmente habrá dos clases más. Cada clase tendrá una duración de 45 minutos.

7 apps recomendadas para niños de primaria

- Duolingo

- Khan Academy

- Kindle

- Aprende a leer y escribir

- Rey de las Matemáticas

- Let's create

- Lumosity

¿Cómo consigue que su hijo/a haga los deberes rápido y de forma autónoma?

Hay distintos motivos por los cuales los niños pierden el tiempo a la hora de hacer los deberes y no quieren hacerlos solos. Muchas veces este comportamiento depende de su propia actitud en relación con el colegio.

Quizá desde el principio usted ejerce una presión excesiva en su hijo/a porque a sus ojos no hace los deberes lo suficientemente bien, mientras que otros padres se toman los deberes con calma. Intente contenerse con los **deberes** y ofrezca su ayuda solo cuando surjan dificultades.

Tampoco corrija directamente cualquier error: seguro que el maestro o la maestra se ocupan de ello. Hable con los maestros y pregunte cuánta intromisión es adecuada a la hora de hacer los deberes. Consiga crear en casa un entorno en el que el niño pueda aprender y concentrarse bien. Ocúpese de conseguir un entorno tranquilo y sin distracciones debido a la radio o la televisión.

Si después del colegio su hijo/a está cansado/a y no se concentra, necesitará una pausa más larga para descansar. En la comida familiar, su hijo podrá contar su día escolar y comunicarle qué le ha parecido emocionante y qué le ha resultado angustiante. Lo importante es que su hijo sepa exactamente cuándo es el momento de hacer los deberes. Llegue con su hijo a un acuerdo que deben mantener.

Un pequeño ejemplo: Después de la comida familiar, su hijo/a podrá continuar jugando durante una hora más. Cuando la manecilla grande esté en el cinco y la pequeña en el 2, será la hora de hacer los deberes.

Evite que su hijo/a haga los deberes poco antes de irse a la cama. A esa hora los pequeños están muy cansados y los deberes pueden durar una eternidad.

También a lo largo del día puede que a los niños les cueste bastante hacer los deberes. Llevan el cuaderno de aquí para allá y tardan muchísimo tiempo en sacar punta al lapicero. Ponga a su hijo una alarma que suene en media hora, anímelo con cariño y dígale: *"¡Vamos a ver si has hecho los deberes en este tiempo!"*. Con ello, el niño aprenderá cuánto tiempo ha desperdiciado en lugar de utilizarlo para jugar.

Como norma general, en los dos primeros cursos de primaria los deberes deberán estar listos en 30 minutos. Todo lo que supere este tiempo será demasiado. Para que todo funcione, se necesita un enfoque sofisticado, de tal manera que el niño o la niña no vea los deberes como un castigo.

Pedagógicamente resultará contraproducente si los maestros utilizan los deberes como castigo. Se conseguirá todo lo contrario a la **motivación** perseguida. Para que los niños continúen estando motivados, las tareas deben explicarse y debe recopilarse el material necesario.

Un buen método de aprendizaje es la adaptación de los deberes al nivel de rendimiento de los alumnos. Los niños que tienen más nivel pueden recibir tareas más complicadas.

Seguro que ahora usted tiene la duda de si en una clase en la que puede haber hasta 30 alumnos esto puede ponerse en práctica. Seguro que está en manos de los maestros mantener la motivación de los alumnos y no desmotivar a los alumnos más lentos. Es importante que el maestro mire y valore que se han realizado los deberes. Esto puede hacerse, por ejemplo, con un sello divertido o una carita sonriente.

Algunos maestros sobrecargan a los niños con demasiados deberes sin darles muchas explicaciones. Si usted tiene esta sensación, debe informar al maestro o la maestra acerca de ello e intentar hablar con él o con ella en persona. Esto puede aplicarse a todos los problemas que tienen lugar en el colegio. Si la charla con el maestro resulta infructuosa, el siguiente interlocutor deberá ser el director o la directora del centro. Para el buen rendimiento académico de los niños es importante que no haya ninguna frustración.

Motivar a los niños correctamente para el colegio

Conseguir una motivación auténtica no siempre es fácil. Es igual de importante apoyar a los niños de entre seis y diez años en su aprendizaje diligente para que los niños no se rindan aunque haya una mayor presión en el colegio.

El colegio es una cosa del mundo adulto. Los niños que empiezan en primaria todavía quieren distanciarse de ello. Con el tiempo aprenden que están aprendiendo por su propio bien y no porque usted o sus maestros quieran. El camino hasta ahí es difícil y requiere toda su paciencia y consuelo para que puedan desarrollarse la responsabilidad y la motivación personal.

Intente acordarse de sus comienzos en el colegio de primaria. También usted pasó por fases de rebelión en las que sus padres estuvieron a su lado mostrándole amor, comprensión y atención. Al igual que antes, ahora una **comunicación** correcta es un aspecto importante para seguir hablando con su hijo/a y apoyarle en caso de que haya problemas.

15 puntos que pueden ayudarle a evitar las trampas de la ley de causa y efecto

1. Simplemente resuelva el problema, sin dramas

2. Ofrezca siempre ayuda a su hijo/a

3. Ceder no es un signo de debilidad, también su hijo/a puede hacerse respetar

4. Intente llegar a un compromiso

5. Diga claramente lo que espera

6. Sea siempre positivo

7. Haga que del comportamiento erróneo de su hijo surjan consecuencias naturales y no consecuencias artificiales que no tienen nada que ver con el error inicial

8. Permanezca siempre tranquilo/a y sea amable

9. Evite las amenazas

10. Usted y su pareja son siempre un ejemplo

11. Razone siempre por qué quiere algo de su hijo/a

12. Ofrezca a su hijo/a un espacio para que pueda decidir por sí mismo/a y no se inmiscuya en ninguna pequeñez

13. Haga siempre las formulaciones en positivo y utilizando un lenguaje personal

14. Trate a su hijo/a como a una persona autónoma

15. Reconozca sus propios errores y discúlpese en caso de cometerlos

Seguro que se producen malentendidos porque no hay una buena escucha por ambas partes. Siéntese con su hijo/a y mire las cosas con más precisión. Imagínese cómo se sentiría usted si otra persona le hablase como usted habla a su hijo/a.

Las amenazas de causa y efecto no son una buena solución para mejorar la atención y la voluntad de aprender. Formule sus expectativas de manera positiva. Usted puede decir lo mismo consiguiendo un efecto completamente distinto en su hijo/a. Una frase positiva motivará a su hijo en lugar de provocarle frustración.

1. **Curiosidad**
2. **Autoestima**
3. **Determinación**
4. **Libertad**
5. **Resiliencia**
6. **Conducta no violenta**
7. **Autodisciplina**
8. **Inteligencia emocional**
9. **Orientación**

La educación infantil es estar siempre en equilibrio sobre la cuerda floja y la propia impronta juega ahí un papel importante. Las decisiones y la forma de pensar pueden ser piedras en el camino. En caso de que usted tome una decisión equivocada, usted no deberá ser demasiado duro/a, dé una **disculpa** y ofrezca a su hijo/a una explicación de aquello que a usted le ha enfadado. Con ello no perderá ni su prestigio ni su poder. Esto implica más bien una ventaja para su autoridad, ya que demuestra a su hijo/a que los sentimientos pueden expresarse con calma y de manera manifiesta.

¿Qué puede hacer contra el acoso escolar?

En el colegio los niños pueden actuar como depredadores. Se busca una víctima fácil a la que se intimida lo máximo posible siguiendo sofisticados **métodos de acoso**. Se empieza por pequeñas peleas en el patio del colegio y eso puede degenerar de manera dramática en un momento posterior de la vida escolar de su hijo/a y adoptar formas grotescas.

Desgraciadamente, no existen cifras fiables acerca del acoso en los colegios. Cada año se informa de unas 90.000 peleas que alcanzan tal magnitud que algunos de los niños que participan en ellas deben recibir asistencia médica.

INFORMACIÓN: Acoso

Por acoso escolar se entiende un hostigamiento, una conducta cruel, enojos, molestias e intimidaciones dirigidas contra un niño o una niña.

Pueden distinguirse tres formas de acoso escolar:

Acoso físico: Aquí se incluyen todos los comportamientos que tienen el objetivo de dañar físicamente a una persona (por ejemplo: pegar, pisar, tirar del pelo).

Acoso verbal: Esta forma abarca todo un conjunto de ataques verbales (por ejemplo: apodos hirientes, amenazas verbales, insultos)

Acoso relacional: Esta forma de acoso hace referencia a ataques y destrucción de las relaciones sociales de la víctima (por ejemplo, hacer la vida imposible a alguien de

---

Según los cálculos estadísticos, la cifra de niños que sufre acoso en el colegio está en 1,5 millones. Esto significa que uno de cada seis niños sufre acoso. No se informa de muchos casos porque esto podría dañar la buena imagen del colegio. En la mayoría de los casos se intentará solucionar el problema dentro del colegio.

Ya en el colegio de primaria, el acoso aparece con mucha frecuencia dado que la **impulsividad** en estos alumnos todavía es muy elevada. Si observa cómo salen los niños en el recreo hacia el patio, tendrá la impresión de que se ha abierto la jaula de un depredador. Todavía no se ha salido del aula y ya empiezan los primeros alborotos.

El acoso se exterioriza en primaria por medio de la violencia física dirigida a un alumno concreto. Las consecuencias de esto son visibles, en especial cuando debe acudirse al médico. Aunque las heridas físicas vuelvan a sanar, permanecerá en su hijo/a una sensación de miedo, debilidad e indefensión. En caso de ataques físicos, usted deberá dirigirse a los maestros y a la dirección del centro para encontrar una solución conjunta. A veces habrá situaciones ante las que usted se sienta impotente y puede ser necesario un cambio de colegio.

Hable con su hijo/a y dígale que puede hablar con los maestros. Buscar la ayuda de un adulto no significa chivarse.

… si se dan dos o más puntos en su hijo/a, entonces usted deberá practicar con él/ella **ejercicios para mejorar la capacidad de réplica**, también de manera preventiva.

- ⊞ ¿A veces su hijo/a se queja de que otros niños se burlan de él/ella?
- ⊞ ¿Su hijo/a llora con facilidad cuando se burlan de él/ella?
- ⊞ ¿Su hijo/a se siente intimidado/a cuando le molestan?
- ⊞ ¿Su hijo/a se siente indefenso/a cuando tiene conflictos con otros niños?
- ⊞ ¿Su hijo/a evita a otros niños de forma deliberada?
- ⊞ ¿En las peleas con sus hermanos, su hijo/a siempre sale perdiendo?
- ⊞ ¿A menudo su hijo/a actúa de manera intimidada y asustada?
- ⊞ ¿Su hijo/a se siente pequeño e indefenso/a?
- ⊞ ¿Su hijo/a suele sentirse marginado/a?
- ⊞ ¿Su hijo/a tiene problemas para expresar claramente su actitud y sus deseos?
- ⊞ ¿Su hijo/a es muy tímido/a?
- ⊞ La postura corporal de su hijo es defensiva (espalda encorvada, mirada baja, …)

Consejos y recomendaciones prácticas para la educación

¿Cómo puede defenderse su hijo/a de ataques físicos?

Normalmente los padres enseñan a los niños que los conflictos no se resuelven con los puños, sino con palabras. Por desgracia, en algunas familias esto se ve de otra manera. Los niños con buena educación tendrán que enfrentarse a niños que solo han aprendido a imponerse por medio de la violencia.

Siempre es difícil mantener la calma, contener la rabia y no responder también usando la violencia. Enseñe a su hijo que puede defenderse de manera verbal y demostrar así que tiene límites.

Frases que pueden utilizarse en caso de ataques 

- "¡No quiero que me pegues!"
- "¡No quiero que me empujes!"
- "¡No quiero que cojas mis cosas!"
- ...

Si su hijo/a no consigue resolver el problema de esta manera, deberá solicitar la ayuda de un adulto. Con esta propuesta se busca una solución y se da al mismo tiempo una **señal de detención**. El consejo de defenderse pegando no es una buena solución. Con ello solo se conseguirá aumentar la violencia y podría llegarse a extremos. Seguramente querrá que su hijo/a se convierta en una persona con competencia social y que no aplique el principio de "ojo por ojo, diente por diente" para defenderse.

Comunique a su hijo/a que en caso de ataque físico la ira es una reacción completamente normal. Si su hijo/a aprende a defenderse de manera verbal y a mostrar sus sentimientos, aumentará con ello su autoestima. Otros niños se darán cuenta rápido de que su hijo/a es fuerte y no débil. Solo se convierten en víctimas aquellos que son débiles, ya sean niños o niñas.

Hable una y otra vez con su hijo/a acerca de esto y transmítale que puede defenderse con palabras y, en caso necesario, solicitar la ayuda de un adulto. El agresor enseguida se dará cuenta de que su hijo/a no acepta tan fácilmente una mala actitud.

¿Cómo puede conseguir que su hijo/a le escuche?

Tiene miles de broncas con su hijo/a, le impone prohibiciones y, pese a todo, esta eterna discusión no cambia. Una y otra vez tienen lugar los mismos errores, lo que le da la sensación de que su hijo/a no escucha nada. Rápidamente le surgirá la duda de qué es lo que está haciendo mal.

En primer lugar, debe tener claro que no hay ningún niño
que siempre sea bueno y obediente. Ya desde pequeños in-
tentarán poner a prueba sus límites, tomar sus propias decisiones y ser cada vez más autónomos.

Como adulto, su vida está determinada por **normas** sociales que su hijo/a todavía no conoce. Todavía le falta experiencia vital para ello. Si no enseña a su hijo/a las normas,
esto no podrá funcionar. Y si a diario continúa hablando
con su hijo/a cuando comete errores para decirle que no
está haciendo nada bien, rápidamente se llegará al punto
en el que los niños desconectan y ya dejan de escuchar.

Para enseñar a su hijo/a las normas, usted no debe esperar
a que vuelva a hacer algo mal, sino hablar previamente con
él/ella sobre determinadas reglas. Muéstrele qué comportamientos espera de él/ella en el lugar donde juega, en
el cajón de arena o en el restaurante y de qué manera debe
comportarse.

No olvide explicarle por qué son importantes estas reglas.
Una buena preparación es esencial. Por ejemplo, vaya con
su hijo/a a un restaurante y lleve algo para jugar. Si el
niño/a está muy aburrido/a porque tiene que estar sen-
tado/a en calma, intente comportarse de tal forma que el
aburrimiento del niño pueda transformarse en algo interesante.

Si su hijo/a no se atiene a las reglas, no deberá prestarle
atención ni amonestarle por cada error. En lugar de ello,
decida la importancia que tiene para usted la situación o la
ocasión en sí y decida si puede hacer la vista gorda y tolerar
el asunto.

Si el entorno se ve dañado por la actitud de su hijo/a, usted deberá reaccionar. Diríjase a su hijo/a, háblele acerca de su comportamiento y dígale lo que quiere de él/ella.

Un pequeño ejemplo: *"Por favor, no vayas tirando la arena. Puedes hacer daño a otros niños. Mejor rellena con arena los moldes y el cubo".*

Dé a su hijo/a una orientación de actuación exacta y elógielo cuando vuelva a jugar con normalidad. Si usted solo riñe o reacciona sin reconocimiento, su hijo/a se da cuenta de que con su comportamiento equivocado enseguida puede conseguir su atención.

Si su hijo/a no modifica su comportamiento y lanza arena a otros niños, usted deberá actuar de manera consecuente. En una situación así, lo lógico sería que usted recogiese a su hijo/a durante un par de minutos de la caja de arena. Vuélvale a indicar la norma. Si su hijo/a continúa jugando con normalidad, hágale un elogio. Así, usted le habrá dado la oportunidad de mejorar.

¿Cómo puede influir en un trato incorrecto?

Si usted tiene la sensación de que una **amistad** está haciendo daño a su hijo/a, usted no deberá prohibirle que siga viendo sus compañeros de juegos. Con ello, su hijo/a solo se sentirá inseguro, incluso aunque afirme que la opinión de sus padres no le importe. Los niños le darán vueltas a la situación y llevarán a cabo más actividades con estos amigos con el objetivo de provocar. Si usted prohíbe a su hijo/a el contacto con una amistad, esto le impulsará a seguir profundizando en ella.

Aunque una amistad no le guste, no deberá prohibir a su hijo/a tratar con un amigo o una amiga. Transmita a su hijo/a que usted se interesa por sus compañeros de juego y pregunte por ellos.

Si usted ha conseguido obtener una visión fundada de la amistad, usted podrá influir de manera constructiva en ella hablando con su hijo/a. Si ve algo que no es adecuado, deberá hablar primero con su hijo/a y después con ambos niños. También podrá incluir a los padres del amigo o la amiga. Prohibir una amistad sería la última opción.

envidia, la ira, la culpa y las enfermedades deben traba-
jarse y pueden conducir a la pérdida del apetito y a la ir-
ritabilidad.

Cómo puede conseguir que los niños recojan y se mantenga el orden en la habitación

Para los niños no hay nada más bonito que el caos y el desorden. El suelo en la habitación de los niños está cubierto
de juguetes, de tal forma que ya no se puede entrar en la
habitación del niño sin prestar atención. ¿Cuántas veces
dice a su hijo/a que debe recoger y todo sigue como estaba?

Para los niños es un gran placer montar juguetes. Desmon-
tar de nuevo y recoger...¡Error! ¿Se ha parado usted a
pensar qué ocurre con su propio sentido del orden? Los
niños viven lo que usted ha vivido antes. Si en su casa debe
recogerse la mesa solo cuando llegan visitas, usted no debe
sorprenderse del desorden de su hijo/a.

8 consejos frente al caos

1. Empezar por lo más pequeño: em-
    pezar con pequeñas tareas, por ejemplo, poner
    solo los platos, en lugar de todo lo necesario para
    toda la familia.

2. No tener expectativas muy altas: ningún niño ordena su cuarto de una forma tan perfecta como un adulto.

3. "Negociar" el reparto de tareas.

4. Diferenciar entre quehaceres y tareas especiales: por supuesto, un niño de colegio no puede dejar sus cosas tiradas por el suelo, pero además, por ejemplo, el niño puede ir corriendo a la panadería si su madre ha olvidado comprar el pan.

5. Llevar a cabo las tareas juntos: hay muchas cosas que se hacen mejor juntos como, por ejemplo, el niño puede tirar las botellas vacías con su padre.

6. No refunfuñar constantemente: los padres que nunca están contentos con nada desmotivan a los niños, que dejarán de esforzarse.

7. Crear conexiones lógicas: evitar las trampas de la ley de causa y efecto. Por ejemplo, amenazar a su hijo con prohibirle la televisión si no ha limpiado la jaula del pájaro.

8. Es mejor poner pocas obligaciones, pero debe reforzarse su cumplimiento de manera consecuente.

Usted no debe ver el desorden como algo muy negativo, ya que su hijo/a necesitará un cierto caos para disfrutar de su creatividad. En la edad comprendida entre los seis y los diez años, los juguetes se mezclan. Los coches de Matchbox conducen por la ciudad y sus módulos y por encima de una nave espacial de Lego. Los niños descubren muchas posibilidades de juego y crean sus propias aventuras. Recoger después resulta menos emocionante.

Si enseña a su hijo/a que recoger es divertido y no supone ningún desafío, su hijo/a lo asumirá. Dele la posibilidad de **escuchar un CD o música**. Esto resulta reconfortante y crea un buen ambiente.

No diga a su hijo/a que todo tiene que estar rápidamente en orden e incluya pequeñas tareas. A los niños les gusta ayudar si pueden llevar a cabo tareas para usted y desarrollan cierto orgullo si usted confía en ellos. Dando instrucciones precisas, los niños saben lo que deben hacer. La frase *"limpia de una vez"* es demasiado general.

Dé instrucciones particulares como:

- "¡Coloca los CDs en la estantería!",

- "¡Coloca los zapatos en el zapatero!" y

- "Saca la fiambrera de la mochila y tráela a la cocina."

Su hijo/a quiere que usted vea lo que ha hecho. Por ello, usted deberá elogiarlo/a si ha llevado a cabo las tareas.

"Tu cuarto ordenado está estupendamente. Me alegro mucho de verlo así."

La pedagogía denomina a esto elogio "descriptivo". ¡Y funciona! Cuanto más detallado formule el elogio y más reconozca el hecho, más brillará su hijo/a. Como norma no deben darse recompensas adicionales, pero a veces pueden utilizarse para motivar a los niños.

Tenga claro que su hijo/a tiene su propia percepción del orden. Su habitación es su reino y debe poder decidir de manera autónoma dónde recoger las cosas.

Para conseguir un orden básico, las cajas con pequeños dibujos son una buena solución. También es importante que haya juguetes que puedan permanecer montados.

9 consejos para reforzar la competencia mediática y la educación de su hijo/a

Las recomendaciones más importantes para el uso de la televisión, el ordenador, el Smartphone y la tablet

1. Compruebe su propio uso de los medios de manera crítica.
2. Llegue a acuerdos en los que también se permitan excepciones (por ejemplo, el mundial de fútbol).
3. Hable sobre los contenidos, pero no solo sobre los riesgos.
4. Utilice los medios junto con sus hijo/a.
5. Encuentre normas conjuntas.
6. Utilice los medios, y en especial también el ordenador, de manera creativa, por ejemplo para la edición de imágenes.
7. Evite la televisión y el ordenador en la habitación del niño/a en la medida de lo posible.

8. No autorice la escucha constante de juegos de audio y audiolibros.

9. Acompañe a su hijo/a en Internet y descubran juntos ofertas de Internet interesantes y adaptadas a la edad.

¿Qué cantidad de propina es adecuada para un niño con una edad de entre 6 y 10 años?

A partir de cierta edad, los padres se hacen la pregunta de cuánta propina deben dar a sus hijos y qué deberá pagar el propio niño/a. No existe la menor duda de por qué los niños ya necesitan su **propio dinero**. Teniendo su propio dinero aprenden a manejarlo. Solo la experiencia práctica logra un efecto pedagógico que no se consigue únicamente con la observación. Si usted mismo solo dispone de un par de euros, también tendrá que ver qué cosas puede pagar con esta cantidad.

Con la propina, su hijo podrá comprar dulces o ahorrarla para poder comprar un juguete concreto. Usted no deberá inmiscuirse en ello. Es el dinero de su hijo/a y, por ello, él/ella deberá poder elegir en qué gastarlo. Con ello, el niño/a aprende que el dinero se va y debe esperar a tener la siguiente propina.

Como padre, se cae rápido en la **tentación** de dar a los niños algo más para que puedan cumplir con sus deseos. Con ello los hijos no aprenden a manejar correctamente el dinero. Explique a su hijo/a que el banco no le da a usted dinero de forma ilimitada, sino que para ello usted tiene que trabajar y poder sacar después dinero del cajero automático.

Usted no puede dar constantemente propinas a su hijo y debe explicarle el motivo por el cual usted no puede permitirse eso. Con ello, enseña a su hijo/a que usted le quiere igual que otros padres a sus hijos y que no darle propinas, por ejemplo, puede estar motivado por una situación de desempleo.

Lleve a su hijo a **comprar** alimentos. Así, el niño aprenderá de cerca cómo usted debe apañarse con una cantidad limitada de dinero. Trate esta situación con decisión. Con ello, los niños pueden desarrollar una comprensión por el asunto.

Hay niños que ya en la escuela primaria reciben propinas, pero esto no es necesario. Será suficiente con que su hijo reciba propina al comenzar en el colegio. Darle dinero antes no le ayuda a desarrollar ninguna asociación psicológica, aunque los niños se alegran con tener cualquier moneda brillante en sus manos.

Los billetes son interesantes si a los niños se les explica el valor de este trozo de papel. Al principio, con dar al niño dos euros será más que suficiente. Con ello podrán comprarse alguna piruleta de camino al colegio y pueden ser percibidos como clientes por los encargados de la tienda. Esto refuerza su autoestima, ya que los niños se sentirán mayores.

Si usted utiliza como medida de castigo retirar la propina a su hijo, usted estará privándole de su seguridad a la hora de planificar, aunque con ello solo pretenda que distribuya mejor su propina.

La tabla de la propina como ayuda

Edad del niño	Propina recomendada
4 – 5 años	50 céntimos a la semana
6 -7 años	1,50 – 2 euros a la semana
8 – 9 años	2 – 3 euros a la semana
10 – 11 años	13 – 16 euros al mes
12 – 13 años	18 – 22 euros al mes
14 – 15 años	25 – 30 euros al mes
16 – 17 años	35 – 45 euros al mes
18 años	70 euros al mes

Cuál es la mejor manera de abordar preguntas relacionadas con la sexualidad

Los niños son curiosos y quieren saberlo todo. Los pequeños no tardarán mucho tiempo en preguntar cómo llegan los bebés a la barriga de su mamá. Para algunos padres, estas preguntas de sus hijos resultan embarazosas porque no tienen ni idea de a qué edad y en qué profundidad deben saber los niños acerca de este tema.

A la edad comprendida entre los seis y los diez años los niños no entienden cuando se les explica que los bebés han llegado a la barriga de su mamá porque mamá y papá se quieren con locura. Explique a su hijo con tranquilidad y un enfoque diferente cómo llegan los bebés. Intente transmitir el complejo proceso de la forma más realista y más adaptada a los niños que le sea posible.

Para facilitar la **explicación** a su hijo, existen libros explicativos que son una buena ayuda. Pregunte a su hijo/a qué sabe acerca del tema y tome como referencia lo que ya sabe. Su hijo/a puede procesar muy bien la información. Por este motivo, su miedo es infundado. Hablar sobre sexualidad a menudo es más problemático para usted que para su hijo/a.

CONSEJO: Prevenir el abuso 

Esto necesita una explicación y su hijo debe saber lo siguiente:

- Mi cuerpo solo me pertenece a mí mismo/a y solo yo decido quién puede tocarme y quién no.

- Las caricias son algo bonito, pero deben ser deseadas por ambas partes.

- Hay sensaciones buenas y malas. Cuando algo me da miedo o me resulta desagradable, debo protegerme de ello.

- Nadie tiene derecho a asustarme con amenazas, infamias o presiones.

- Si un secreto me da miedo, entonces podré contarlo con toda tranquilidad. Esto no tiene nada que ver con chivarse.

- Puedo hablar de cualquier cosa con mis padres, también de cosas desagradables.

Los niños reaccionan con su propia percepción ante lo que escuchan y el sexo les resulta repugnante. Explique a su hijo/a que puede tener esa visión. Del mismo modo deberá transmitir a su hijo/a que el acto sexual no es algo mecánico, sino que las emociones y los sentimientos son parte de ello.

Como cada tema que les resulta interesante, la sexualidad también les parece emocionante a los pequeños. Los padres están parados y a la espera de que los niños les hagan preguntas. Hablando con su hijo/a sobre sexualidad, usted podrá transmitir una posición y unos valores determinados .

Los niños no tienen los impulsos de los adultos. Por ello, usted no debe temer que su hijo quiera probar ahora aquello que escucha. La explicación sexual en los niños está estrechamente relacionada con sensaciones corporales. Aquí también entra el conocimiento de cómo se forman los bebés y de cómo reacciona el propio cuerpo.

¿Cómo puede ayudar a su hijo/a si se está separando de su pareja?

Cuando los padres se separan, la experiencia resulta traumática para los niños. La separación no solo conlleva dolor, tristeza e **inseguridad** para usted, sino también para su hijo/a. Ahora la prioridad es el niño/a a quien se le presenta un nuevo desafío con la separación.

A veces se plantea la duda de si deben mantenerse el matrimonio y la familia por los niños. La cuestión no es si usted hace con ello un favor a sus hijos. Su hijo/a debe crecer feliz, lo que no depende de si ustedes continúan viviendo como familia. Es mucho más importante que se satisfagan las necesidades de los niños y que la relación con ambos padres se conserve intacta. Ambas cosas pueden darse también si ustedes se separan. Para los niños es importante que se pase tiempo con ellos. Si el padre que no vive con el niño o la niña pasa tiempo y hace actividades con él/ella, estas necesidades se cubrirán con la atención que le presta. Puede que en la vida en común de la pareja esto no se cumpliese.

En una separación, no olvide nunca que debe mantenerse la relación entre el hijo/a con ambos padres. A pesar de la separación ustedes continúan siendo una familia, aunque ahora las circunstancias sean otras y a veces resulten dolorosas. Por ello, en tiempos de crisis, ambos padres deben cooperar y no cargar con sus frustraciones y decepciones a los niños.

Para los niños esto es una gran **carga** y conduce a que se sientan excluidos. En los pequeños surge la idea de que son los culpables de la separación y que usted ya no los quiere.

Haga frente a esta sensación dejando claro a su hijo/a que sus conflictos no se han originado por su culpa. Nunca hable mal de su ex-pareja en presencia de su hijo/a.

Si usted se preocupa de tener un trato bueno y correcto con su ex-pareja y da a su hijo/a la sensación de que los dos le quieren y que puede querer a los dos por igual, usted no estará haciendo nada equivocado. Mostrará a su hijo/a que usted, pese a la separación, respeta a la otra persona y buscará soluciones constructivas pase lo que pase. Su hijo/a aprenderá con ello muchas cosas para su vida futura. Muchas veces, los hijos de padres separados tienen un desarrollo claramente más maduro y feliz porque, a pesar de la separación, se han cumplido sus necesidades.

Ahora, seguramente usted se pregunta de qué necesidades se trata. Los niños tienen la necesidad de seguridad. En los niños de padres separados surge un gran miedo de ser abandonados por los padres. Más importante que las explicaciones son las experiencias que tiene su hijo en esta situación. Para ello, ambos padres tendrán que pasar tiempo con su hijo/a y demostrarle que siempre estarán ahí para cuando les necesite. Si su padre, por ejemplo, va a su próximo partido de fútbol y le anima, el niño experimentará una gran sensación de seguridad.

Si la pareja o la vida en común se derrumba, los niños necesitarán más cariño del que usted quizá pueda darles en ese momento concreto. Por ello es especialmente importante que ustedes decidan juntos qué cambios deberán hacerse para los niños y cómo pueden hacer que este tiempo tan duro pueda pasar de la mejor manera posible.

Busque para sus hijos personas de referencia que sean cariñosas y no den preferencia a uno de los dos. Puede tratarse, por ejemplo, de personas que pasen tiempo con el hijo/a como el abuelo y la abuela o el tío o la tía. Para los niños es importante que se cree una red que los apoye, que entienda sus preocupaciones y que los ayude.

El uso correcto de los elogios

Hay padres que elogian a sus hijos por cualquier pequeñez y los felicitan aunque se equivoquen al tocar el piano o hagan los deberes de manera descuidada. Los psicólogos también advierten de ello y defienden que se trate a los niños con más honestidad.

Una pequeña historia: Es el último día en el colegio de primaria. Los alumnos del último curso abandonarán el colegio después de las vacaciones para continuar con la etapa posterior en otro centro. Para ello, los profesores y otros niños han pensado algo especial. Han ensayado poesías de memoria y han estudiado una canción de despedida para los mayores. Por supuesto, todos los padres de los niños de primaria están invitados al gran acontecimiento.

Un niño de ocho años pisa el escenario. En cuanto suena la primera palabra de la poesía ensayada, la madre saca el Smartphone y graba toda la actuación. ¡Cómo se alegra de poder recitar la poesía delante de toda la clase! Su madre anima al resto de la clase a aplaudir esta estupenda actuación. Casi no ha acabado la actuación y corre hacia su hijo, lo abraza y le dice lo bien que lo ha hecho y lo orgullosa que está de él.

El chico no tenía ninguna gana de ponerse sobre el escenario y recitar la poesía. Recita la poesía de forma incorrecta y lenta. Todo el mundo se ha dado cuenta de que el niño ha leído la poesía completamente aburrido.

No esta mal elogiar a nuestros propios hijos y a las personas más cercanas a nosotros y prestarles más atención. Los elogios acarician el alma y dan una buena sensación a la persona elogiada. Sin embargo, algunos elogios tienen un regusto amargo porque no son sinceros.

Ahora no debe ver a su hijo/a como el próximo artista revelación porque haya dibujado un par de líneas multicolor en una hoja de papel. Muchos padres cantan himnos de alabanza y estallan en aplausos cuando sus hijos exhiben las manualidad en el colegio y cuelgan sus coloridos dibujos.

Los himnos de alabanza a los propios niños a menudo no tienen ningún sentido. Se parte fácilmente de que elogiar a los niños es importante y es bueno para ellos. Entretanto, muchos estudios sobre el tema de los elogios demuestran que los padres no actúan de ningún modo correctamente. Siempre depende de para qué y cuándo se hace un elogio y no el hecho de elogiar en sí mismo.

La convicción tan extendida de que los niños siempre necesitan elogios para su bienestar espiritual es una suposición que carece de todo fundamento y que no está probada. Así lo afirma Herbert Renz-Polster, autor de libros y médico en la universidad de Heidelberg.

La tesis de que con muchos elogios los niños desarrollan una notable **autoestima** es sencillamente falsa, aunque generalmente se considere cierta. Para el desarrollo de la autoestima son importantes las experiencias y no el enfoque subjetivo que muestran los padres con sus himnos de alabanza. No debe estallar en aplausos cuando a su hijo/a le salga algo bien. Del mismo modo, tampoco tiene sentido compadecerse del niño cuando algo no sale bien. Su hijo/a se las arregla por sí mismo/a desde la primera infancia.

Los expertos en desarrollo tienen su propia opinión de este comportamiento de los padres y aconsejan, por ejemplo, reforzar con elogios el comportamiento social positivo. Esto en sí ya produce bastantes efectos positivos. Además así los niños no aprenden que se han comportado bien, sino más bien que siempre se les está prestando atención. Esta idea también la corrobora Joan Grusec, de la universidad de Toronto, que ha estudiado la evolución de los niños a individuos sociales.

No debe alabar a su hijo porque le haya dejado un juguete a sus hermanos. Usted debe ver esto como un acto de **generosidad**. Con ello usted transmite a sus hijos que este comportamiento está relacionado con su propia motivación. Para entender el comportamiento social y aplicarlo correctamente, no pueden faltar los reproches. De esta manera, los niños entienden que otras personas tienen sus propias necesidades. Levantar el dedo en un reproche está fuera de lugar. Mejor céntrese en hablar con su hijo y responder a las cuestiones que surjan.

Grusec también plantea que la educación funciona muy bien sin ningún tipo de elogio. Esto no significa que los padres no puedan estar orgullosos de sus hijos. Pero debe diferenciar si está orgulloso de la conducta o de la persona. Si se observan la cultura africana y asiática, podemos ver que en ellas se elogia considerablemente menos o incluso no se elogia nada. No hay ninguna opinión clara que defienda que en la cultura occidental sea fácil poner en práctica un menor uso de los elogios o prescindir de ellos por completo.

Lo que está claro es que frases como *"¡Qué gran tesoro e-res!"* en la etapa del colegio de primaria hace que se dude de ella porque este elogio carece de toda honestidad. El día anterior, sin ir más lejos, el niño hizo enfadar a sus padres porque perdía el tiempo mientras tenía que hacer los debe-res. Los trabajos de Carol Dweck, de la universidad de Stan-ford, muestran que los niños se sienten inseguros debido a un exceso de elogios. Cuando son algo más mayores, los niños se preguntan si las alabanzas no son fruto de la com-pasión y los padres piensan que es necesario mimarlos con elogios exagerados.

Los elogios y resaltar algo de manera exagerada produce **estrés** en las niñas. Otro estudio de Dweck muestra que precisamente los niños en el colegio de primaria y también los niños algo mayores son especialmente sensibles al elo-gio y se cuestionan si se hace debido a su falta de capacid-ades o a su inhabilidad para la resolución de problemas. Los niños a los que siempre se les dice lo buenos que son después de una tarea de clase pueden sentirse completa-mente desamparados. Si, por el contrario, dice a su hijo que se ha esforzado mucho, el niño aprende con mayor constancia y hace mayores progresos.

Los elogios son aceptados por los chicos y las chicas de una manera diferente. Con la frase *"¡se te da muy bien escribir!"* los padres producen una gran presión que provoca un gran **miedo al fracaso** en las niñas. Para motivar a la pequeña princesita debe tener en cuenta su esfuerzo a la hora de elo-giarla. En los niños no se produce una disminución de la motivación si se les elogia por sus capacidades.

Por medio de elogios constantes y exagerados usted crea en sus hijos una visión irreal porque usted no ha pensado hasta el final en sus expectativas. Tras una valoración de más de 100 estudios que fue llevada a cabo en el Reed

College de Oregon por Mark Lepper y Jennifer Henderlong, estos formularon el siguiente principio en relación con los elogios:

"¡Si usted hace elogios, deberá hacerlo con sinceridad! Evite los elogios generales y abiertamente manipulativos, ya que esto solo provoca daños."

Los niños a la edad comprendida entre los seis y los diez años no son pequeñas maravillas del piano, genios del cálculo o la próxima estrella que pasará a la historia en el olimpo de los artistas. Muchos padres no quieren enfrentarse al hecho de que la obra de arte o la pieza musical de sus hijos es algo normal de acuerdo con su edad.

Hace ya tiempo que los psicólogos recomiendan que los elogios sean descriptivos, aunque este tipo de elogios requiera más tiempo. En lugar de decir: *"¡Eso ha estado genial!"*, usted debería decir a su hijo/a que le gusta cómo resuelve ahora los cálculos difíciles y la atención que presta a la hora de escribir las cifras de manera limpia y ordenada una debajo de otra. Con ello, los niños aprenden a valorar correctamente sus expectativas.

Elogiar con frecuencia destruye el **efecto motivacional**, ya que se da siempre. De ahí parte el neurólogo Emrah Düzel, de la universidad Otto-von-Guericke de Magdeburgo, que ha llevado a cabo investigaciones acerca del tema *"elogiar para aprender cosas nuevas"* con la finalidad de comprobar la importancia de los elogios.

Mediante los elogios se libera más dopamina en el cuerpo, lo que provoca un gran efecto en el centro de recompensas del cerebro. El neurotransmisor aumenta la motivación y ayuda a los niños a la hora de aprender. Ya con el pensamiento del elogio esperado surge un agradable cosquilleo.

El elogio que se dice después solo tiene la tarea de mantener el mecanismo que se ha puesto en acción. Si usted elogia a su hijo muy rápido y con mucha frecuencia, se dejará de percibir el efecto positivo.

Los padres que no son tan dados a los elogios protegen con ello a sus hijos, ya que no despiertan en ellos ninguna dependencia con respecto a esta droga que produce el propio cuerpo. El hijo no tiene la actitud de: *"da igual lo que haga, siempre tengo un elogio de mamá y papá"*, sino que incluso pueden prescindir de ello porque una recompensa posterior es mejor.

La forma de pensar que desarrolla su hijo es importante para muchas decisiones que debe tomar. La denominada **gratificación aplazada** presenta a su hijo, por ejemplo, la posibilidad de no gastar toda la propina de inmediato, sino de ahorrarla para cumplir posteriormente con un deseo mayor.

El elogio comparativo también es muy delicado. A los niños les resulta muy embarazoso que los maestros los elogien delante de toda la clase. En realidad, el efecto motivador que se pretende conseguir es distinto al que realmente se consigue. Por ello, usted debe ser muy contenido/a con los elogios, en especial cuando tiene varios hijos. Si no lo es, el niño puede tener la sensación de que usted quiere más a su hermano pequeño o a su hermana pequeña. En este caso, usted debe aplicar la norma de hacer elogios descriptivos para no despertar una sensación negativa en el niño.

¡El secreto está en dar la dosis correcta de elogios para cosas que su hijo/a pueda cambiar!

El elogio comparativo constante y superficial es casi como una falta de atención a su hijo/a y produce dos efectos negativos al mismo tiempo. Su hijo aprende que no se trata de mejorar algo, sino de ganar y, al mismo tiempo, su hijo se convertirá en un mal perdedor.

El niño no puede soportar si le dice que otro niño es mejor que él. El experto en desarrollo Herbert Scheitauer, que también participó en el denominado **programa Papilio,** es partidario de esta postura. En este programa, la prevención de problemas de conducta es la principal prioridad. En el programa los padres aprenden cómo elogiar a los niños correctamente y se transmite que elogiar no tiene nada que ver con el valor de una persona.

Los padres deberían elogiar a los niños por cosas que saben hacer bien. Es importante aclarar a los niños que esto es su opinión personal y que la opinión general puede ser muy distinta. Con ello los padres dan a los niños las herramientas necesarias para que puedan afrontar derrotas y para que se esfuercen más la siguiente vez para obtener también elogios de otras personas.

La preadolescencia: cuando los niños se convierten en pequeños rebeldes

Ayer todo era muy normal y de repente aparecen las nubes de tormenta. Es el presagio de que algo va a cambiar, aunque hasta ahora no pudiera percibirse nada. A una edad aproximada de diez años, cuando se acerca el fin de la etapa de primaria, aparecen los primeros indicios de que se va a desencadenar una tormenta hormonal y va a empezar la pubertad. Se producen fuertes explosiones emocionales y las lágrimas de cocodrilo están a la orden del día. Para saber lo que le ocurre a su hijo, solo necesita echar un vistazo a su habitación.

Ahí no solo hay ositos de peluche, Barbies y piezas de Lego. Podrá ver posters con su estrella del pop preferida y estupendos juegos de Playstation llenos de aventuras. Este cambio en la habitación le muestra que las hormonas están al acecho.

La fase en la que se encuentra su hijo ahora se denomina corrientemente preadolescencia. Aparece el denominado **periodo de latencia**. El término preadolescencia procede de la psicología evolutiva y abarca el periodo entre el sexto y el décimo año de vida. En esta etapa, la sexualidad despierta de un sueño profundo.

La pedagogía Waldorf, de Rudolf Steiner, describe esta fase como un conjunto de etapas con el que los niños tienen la habilidad de tener un distanciamiento interno a la edad de entre los nueve y los diez años. Con ello se produce una separación entre el niño y el resto del mundo. En esta etapa vital se produce el denominado "complejo de Hummer", es decir: se produce una desprotección momentánea porque se han derribado los antiguos muros infantiles.

Por período de latencia se entiende un retraso del desarrollo psicosexual en el niño que llega desde el final de la fase genital temprana hasta el comienzo de la fase genital tardía, lo que abarca de los 6 a los 12 años de vida. En esta etapa, la sexualidad infantil no evoluciona. La **red social,** que hasta ahora se centraba principalmente en la familia, se amplía. Según Sigmund Freud, este proceso evolutivo está psicodinámicamente condicionado por tendencias confusas y contradictorias. La latencia no significa que no haya ningún impulso psicosexual en los niños durante el período de latencia. En esta etapa predominan únicamente las fuerzas inhibidoras, como el asco, el sentimiento de culpa y los ideales morales. Esto es indicativo de momentos reforzados del desarrollo del yo.

www.wikipedia.es

La psicología del desarrollo no se centra en la preadolescencia, ya que a esta edad temprana ya puede hablarse de adolescencia. Los niños todavía no saben lo que son. Aunque su apariencia continúe siendo infantil, aparece en el niño un comportamiento extraño que a los padres les resulta difícil manejar. Por un lado, el niño está muy protegido y, por otro, con su rebeldía crea un espinoso desafío. Los niños tienen un comportamiento infantil y buscan diferenciarse de manera considerable. Estos fenómenos que aparecen al mismo tiempo son un gran desafío para los padres.

El desarrollo en la preadolescencia no es igual en los niños y en las niñas. Las **niñas** empiezan claramente antes y viven esta fase con grandes cambios de humor y de manera muy excesiva. Las niñas suelen unir fuerzas con su mejor amiga. Al mismo tiempo, también hay fases en las que las niñas se aíslan por completo.

Oscilan entre la apatía y el gran impulso de llevar a cabo algo. Los límites son muy estrechos. Están a punto de transformarse en mujeres y prueban muchas cosas que revolotean en su cabeza influidas por las imágenes que aparecen en los medios de comunicación. No juzgue a su hija si quiere salir por ahí con maquillaje y con camisetas que dejan su barriga al descubierto. Esta reacción sería totalmente incorrecta. Es mejor que usted tome una posición y diga abierta y sinceramente su opinión. Hoy en día, la mayoría de los padres tienen una tendencia liberal, aunque el corazón y su instinto les diga otra cosa.

También los **niños** tienen su particular forma de actuar en la preadolescencia. En la llamada edad del pavo, los niños centran su atención en personajes de los medios de comunicación y superhéroes y no en niños de su misma edad. El código de grupo adquiere un significado mucho mayor y va acompañado de rituales de saludo. Tienen grandes ansias de movimiento porque la energía que les sobra debe ir a parar a alguna parte. El lema ahora es "más alto, más rápido, adelante" y es el pistoletazo de salida para la **competición**. Sobre esta fase vital de los niños hay muchos libros. Entre ellos están los primeros volúmenes de Harry Potter o "el aula voladora" de Erich Kästner, que tratan el tema de la preadolescencia y a los niños les resulta fácil identificarse con ellos.

Los niños en la preadolescencia a menudo son pequeños mocosos. Dependiendo del temperamento, este comportamiento es más o menos acentuado, pero todos tienen algo en común: todos tienen que dar el salto entre la infancia y la edad adulta. Esto acarrea también cambios y nuevas situaciones para las que usted deberá estar preparado. Ser adulto significa romper el cordón umbilical y ser autónomo. Los niños deberán distanciarse de los padres. El comportamiento que surge con ello tiene un efecto doloroso y ofensivo.

Como padre, en esta fase vital de su hijo usted no debe dejarle hacer todo lo que quiera. Precisamente ahora es el momento correcto para conversaciones en las que usted debe explicar a su hijo/a lo que de verdad es importante para usted. Busque el diálogo cuando el pequeño rebelde tenga un humor más suave o después de haberle dado mimos. Hable con su hijo/a sobre sueños, deseos, objetivos y pensamientos y deje que hable sobre sus inseguridades y miedos.

Escoja un camino diferente al de la lucha constante durante muchos años con gran sufrimiento. Puede calificar a su hijo/a de imposible y aferrarse a la justificación de que la pubertad es una etapa extremadamente difícil. Seguro que así usted se encuentra con la compasión de otros adultos, pero al mismo tiempo estará pagando por ello un precio alto y doloroso.

Intente mostrar una actitud comprensiva hacia su hijo adolescente y estimule al mismo tiempo un trato respetuoso y educado. Tome una postura y repítala cuando sea necesario. Esto es extremadamente importante. Por supuesto, mantener el equilibrio en todas las situaciones es extremadamente importante, más aún cuando hay otros problemas.

No mantenga largas **discusiones** con su hijo/a, por ejemplo, acerca del trato respetuoso. Muestre a su hijo/a los límites de forma clara y concisa. Con ello enviará un mensaje que hará que un debate posterior resulte superficial. Si usted dice una frase clara, el canal de comunicación con su hijo/a se mantendrá abierto. Con ello se abre para usted la posibilidad de tomar una decisión equivocada sin perder la dignidad.

Los padres deberían pedir perdón a sus hijos si han cometido un error y han ido más allá de su objetivo. Pidiendo perdón demuestran mucho y mantienen su función ejemplar. ¡Piense siempre que en la educación un comportamiento ejemplar tiene un gran efecto en los niños!

Su pareja no siempre será el mejor apoyo en la fase de ángel-diablillo de su hijo precisamente si su forma de pensar sobre la función ejemplar es claramente diferente de la suya. En una situación así, los amigos adquieren una relevancia completamente nueva. Resulta muy aliviador si usted puede hablar con una persona de confianza cercana sobre situaciones problemáticas y descubrir que otras personas tienen los mismos conflictos.

Los compañeros de toda la vida pueden servirle incluso de espejo porque han vivido esta fase junto a usted y pueden mostrarle cómo eran en ese momento. Los conflictos de hoy no se diferencian en nada de los conflictos de su infancia ni del comportamiento adolescente de su época.

Una pequeña historia: Una amiga de hace años está de visita en su casa y ve cómo usted está totalmente horrorizado/a de que su hija quiera salir a la calle con unos vaqueros desgastados. *"No. No puedes llevar los vaqueros desgastados a la fiesta de cumpleaños de tu amiga."*

Usted mira a su amiga y las dos empiezan a reírse sin parar porque a la edad de la niña, ustedes también llevaron miles de veces pantalones desgastados y remendados. En ese momento, su hija le mirará algo confundida. Saber que a su edad usted no era diferente le produce una agradable relajación que despertará su sonrisa interior durante todo el día.

Con los recuerdos de su preadolescencia y posterior adolescencia, usted introduce bien a su hijo/a en esta nueva etapa de su vida. Usted pensará cómo eran en su época sus deseos, sueños y objetivos y qué le faltaba. Con su viaje imaginario a un tiempo que ha quedado muy en el pasado, usted entenderá algunos indicios. No obstante, no olvide que su hijo/a no es la imagen de sí mismo/a, sino un individuo autónomo.

La preadolescencia no llega de repente y tampoco es ningún escenario que produzca miedo y horror. En lugar de ello, compare esta etapa y la posterior **adolescencia** con una oruga de la que surge una preciosa mariposa que sale de la crisálida en todo su esplendor.

Ralph Dawirs llama metamorfosis a esta fase del desarrollo de los niños. No se sabe todo lo que ocurre en el interior del hombrecito o la mujercita. Los padres y los investigadores tampoco lo saben todo. Permanezca siempre en contacto con su hijo/a, muéstrele interés y no se rinda aunque ahora todo parezca muy difícil.

Los padres son las personas de confianza más importantes para los niños y los interlocutores más fiables que siempre están ahí. Precisamente en esta fase vital, los niños necesitan una persona fuerte y de confianza que les acompañe en su camino a la etapa adulta. Esto también incluye poner límites y llegar a compromisos.

Las dudas y la inseguridad surgirán de vez en cuando. Esto es completamente normal, ya que nadie consigue estar seguro y tranquilo siempre. Consiga un buen equilibrio entre comprensión, generosidad y límites claros, sin ser ni muy duro/a ni muy relajado/a. Con ello ayudará a su hijo con los muchos cambios que se le presentarán a la edad de entre seis y diez años.

¿Qué hay después de la primaria?

Del colegio de primaria a la ESO

Con doce años, los niños acaban en el colegio de primaria para empezar la etapa de educación secundaria. Entonces surgirá la duda de a qué colegio o instituto llevar al niño y si es mejor un colegio público, uno privado, concertado, religioso o laico. Para aclarar un poco este tema, aquí recogemos información sobre los distintos tipos de centro con el objetivo de que le sirva de orientación.

En primer lugar, debe tener claro que la educación secundaria se ofrece tanto en centros públicos como en privados o concertados. Debe tenerse en cuenta que los centros públicos son laicos y están financiados y gestionados por el estado. Los **centros concertados**, por su parte, son de carácter privado, pero financiados en gran medida por la administración central. Tienen libertad de gestión, pero deben adaptarse a ciertas normas establecidas por el gobierno, como el límite de alumnos por clase, fechas, admisiones, etc. Se financian en parte mediante subvenciones y en parte mediante los pagos de los padres. Por último, los **centros privados** son exclusivamente financiados por los padres y cuentan con completa libertad de gestión y cierta libertad de currículum dentro de los límites establecidos por el gobierno.

Que su hijo tenga una educación exitosa no depende de que visite un colegio público, privado o concertado, sino que es mucho más importante que el enfoque del centro sea el adecuado para las habilidades y capacidades de su hijo/a.

Una etapa emocionante y de nerviosismo junto a su hijo/a

Con la llegada al colegio de primaria, comienza para su hijo/a una nueva etapa llena de desafíos. El niño continúa rompiendo el cordón umbilical y busca libertad para poder tomar sus propias decisiones.

Experimentará el comportamiento rebelde de un niño que segundos más tarde necesitará su protección y cercanía. De la noche a la mañana, usted debe adaptar la educación al niño que continúa creciendo. El niño entiende, cuestiona y discute, pero no olvide que continúa siendo un niño. Le faltan la perspectiva y la experiencia que usted ya ha adquirido en su larga vida. Trate al niño de forma suave y respetuosa y muéstrele que lo valora y lo quiere, aunque lo tenga que meter en cintura. Pese a los muchos consejos y advertencias que usted haya escuchado hasta ahora, nunca debe olvidar que cuando usted era niño/a también se comportaba de esta manera.

Comentario final

Muchas gracias por haber leído nuestro libro. Ahora usted ya sabe lo que es importante entre el sexto y el décimo año de vida de su hijo/a. Aquí se describe el desarrollo cognitivo y físico y hemos tratado lo más importante para apoyar a su hijo en su desarrollo social y personal. También hemos hablado con detalle de la escolarización y el comienzo en el colegio y usted ha aprendido a qué tiene que prestar atención antes y durante la estancia de su hijo/a en el colegio de primaria. Con este libro, usted tiene valiosos consejos educativos para esta etapa, así como una guía para ayudar a su pequeño solete a que se convierta en una persona más feliz y con más autoestima.

Si el libro le ha gustado, deje una valoración positiva. Y, si no le ha gustado, agradecería que me escribiese antes de redactar su valoración. De esta manera, podemos hablar acerca del problema y modificar los puntos que pudieran ser cuestionables o erróneos en mi libro.

Ahora me siento tan vinculada a este tema que quiero continuar ahondando en él sin duda. Tengo previsto escribir más libros sobre cada etapa de desarrollo de nuestro hijo y de todos los niños. Desde la etapa escolar, pasando por la pubertad y hasta la juventud hay muchas cosas emocionantes por vivir que merecen ser escritas. También recibirá más información sobre estas nuevas publicaciones en nuestro boletín de noticias. ¡Qué vaya todo bien y hasta pronto!

Claudia y Jonas

Direcciones

General

https://www.serpadres.es/

http://www.solohijos.com/web/

https://www.educaweb.com/contenidos/educativos/sistema-educativo/educacion-infantil/

https://www.guiainfantil.com/educacion/educacion.htm

https://www.guiadelnino.com/educacion

https://www.aepap.org/biblioteca/programa-de-salud-infantil

Relaciones de pareja

https://www.areahumana.es/relaciones-de-pareja/

Foros de Internet

https://www.forofamilia.org/etiqueta/padres/www.urbia.de/forum/experten-foren

https://escuelaparapadres.mforos.com/

Libros

Martine F. Delfos: ¿Me estás escuchando? Como conversar con niños entre los 4 y los 12 años, Pirámide, ISBN 9788436822304

Javier Urra: Respuestas prácticas para padres agobiados, Editorial Espasa, ISBN 9788467008197

Rebeca Wild: Calidad de vida. Educación y respeto para el crecimiento interior de niños y adolescentes. Ed. Herder, ISBN 9788425423161

José María Toro: Educar con co-razón. Editorial Desclee de Brouwer, 9788433020116

José Manuel Mañu Noain: Cómo educar a niños de 6 a 12 años, Ediciones Internacionales Universitarias (EIUNSA), ISBN 9788484691129

Óscar González Vázquez: Escuela de padres de niños de 6 a 12 años: educar con talento. Amat Editorial, 9788497358545

Elisabeth Pantley: Educar niños hasta los diez años sin lágrimas. Editorial Medici. ISBN 9788497990813

Enlaces

https://www.guiadelnino.com/educacion/el-nino-de-6-a-10-anos

https://www.guiainfantil.com/articulos/educacion/aprendizaje/que-aprenden-los-ninos-con-6-anos/

https://www.cdc.gov/ncbddd/spanish/childdevelopment/positiveparenting/middle.html

https://www.guiainfantil.com/articulos/educacion/aprendizaje/que-aprenden-los-ninos-con-7-anos/

https://www.guiainfantil.com/articulos/educacion/aprendizaje/que-aprenden-los-ninos-con-8-anos/

https://www.hacerfamilia.com/ninos/noticia-cambios-ninos-10-anos-20160906142525.html

https://www.todopapas.com/ninos/educacion/como-criar-a-un-nino-de-9-anos-10445

https://www.guiainfantil.com/articulos/educacion/aprendizaje/que-aprenden-los-ninos-con-10-anos/

https://www.desarrollodeltalento.com/2014/16-recursos-para-motivar-a-los-ninos/

https://educrea.cl/7-maneras-excelentes-de-motivar-a-ninos-as-de-primaria-a-escribir/

http://doeducation.es/10-consejos-para-el-inicio-de-curso/

https://www.das.es/blog/acoso-escolar-en-primaria-como-detectarlo-y-evitarlo/

https://kidshealth.org/es/kids/self-esteem-esp.html

Jonas Weidner

Guía del papá primerizo

Todo lo que debes saber sobre el deseo de concebir, el parto y el bebé

Cómo puedes compaginar ser padre de tus hijos con la familia, el trabajo y tu carrera profesional

La actitud correcta para una relación intacta y una vida sexual plena a pesar de ser padre

The Honest Guide, 126 páginas

ISBN 978-1659153835

Claudia y Jonas Weidner

Entender, educar y reforzar a los niños

Cómo hacer frente de manera efectiva a los arrebatos de ira y fases de terquedad de su hijo/a

Todo acerca de una educación consecuente, rituales, cortar el cordón umbilical y las fases de desarrollo

Fortalecer la confianza y la autoestima del niño

The Honest Guide, 101 páginas

ISBN 979-8645366933

Contenido legal

Aviso legal

Claudia y Jonas Weidner están representados por:

Ronny Quaas
Leipziger Straße 72
08056 Zwickau
Alemania

E-Mail: info@thehonestguide.de
Web: www.thehonestguide.de

Cubierta
Lauria | Fiverr

ISBN 978-1393613237

Responsabilidad por enlaces externos / Exención de responsabilidad

El libro contiene enlaces a páginas web externas de terceros en cuyo contenido no tiene ninguna influencia el autor. Por este motivo, no se asume ninguna responsabilidad en lo relativo a contenidos externos. El proveedor correspondiente o el gestor de la página web será el único responsable de su contenido. En el momento de incluir los enlaces se comprobó que las páginas no incurriesen en posibles infracciones legales. En el momento de introducir los enlaces no se detectaron contenidos ilícitos. Sin embargo, no es razonable un control permanente de los contenidos de las páginas web sin indicios concretos de infracciones. Si llega a nuestro conocimiento que existe una infracción en cualquiera de los enlaces, dichos enlaces se eliminarán de inmediato.

El uso de este libro y la puesta en práctica de la información serán bajo su propia responsabilidad. Ni la editorial ni el autor tendrán ninguna responsabilidad en caso de posibles accidentes y daños de cualquier tipo producidos por la visita a lugares mencionados en este libro (por ejemplo debido a la falta de indicaciones de seguridad). Queda excluida cualquier demanda de responsabilidad frente a la editorial y frente al autor debido a daños de tipo material o sentimental producidos por el uso o no uso de la información, así como el uso de información errónea o incompleta. Con ello queda excluida cualquier reclamación legal o por daños. La obra y todos sus contenidos han sido elaborados cuidadosamente. Sin embargo, la editorial y el autor no asumen ninguna garantía relativa a la actualidad, la corrección, la integridad y la calidad de la información expuesta. No pueden excluirse por completo errores de imprenta e informaciones falsas. La editorial y el autor no asumen ninguna responsabilidad en lo referente a la actualidad, la corrección y la integridad del contenido del libro o en lo relativo a errores de imprenta. No habrá responsabilidad jurídica ni ningún tipo de responsabilidad derivada de datos erróneos y sus consecuencias para la editorial y para el autor. Los únicos responsables de los contenidos de las páginas web mencionadas en el libro serán los propietarios de dichas páginas web. La editorial y el autor no tienen ninguna influencia en la estructura ni en los contenidos de páginas de Internet de terceros y se distancian de dichos contenidos. En el momento de incorporar los enlaces, no existía ningún contenido ilegal en las páginas web.